解密总统府

陈宁骏 著
欣　辰

东南大学出版社
·南京·

内容提要

本书以总统府的建筑、碑刻、传说及与之有关的重要历史人物、场景为主线，结合最新发现及研究成果，解惑游客参观所见所闻中的迷雾疑团，督署选址、卢坦嘉言、武庙重修、煦园得名、天国宝藏、陶林公祠、印心石屋、民国书家、枫碑传奇、国玺勋章、竞选秘事等文章，添补了以前的书籍空白。本书尝试从一个新的视角诠释总统府从六朝、明清、太平天国到民国的历史，力求雅俗共赏，使读者能够在参观中"看得见、摸得着"，觉得历史不再空洞枯燥。

图书在版编目(CIP)数据

解密总统府/陈宁骏，欣辰著.—南京：东南大学出版社，2010.6（2019.8重印）
ISBN 978-7-5641-2204-1

Ⅰ.①解… Ⅱ.①陈… ②欣… Ⅲ.①国民政府—纪念地—史料—南京市—Ⅳ.①K878.23

中国版本图书馆CIP数据核字(2010)第070815号

东南大学出版社出版发行
(南京四牌楼2号 邮编210096)
出版人：江建中
江苏省新华书店经销　南京京新印刷有限公司印刷
开本：700 mm×1000 mm　1/16　印张：14　字数：250千字
2010年6月第1版　2019年8月第7次印刷
ISBN 978-7-5641-2204-1
定价：28.00元

本社图书若有印装质量问题，请直接与营销部联系。电话(传真)：025-83791830。

前　言

　　总统府位于南京市长江路292号。深厚的历史底蕴,多棱的文化折射,使总统府充满了神奇和吸引力。

　　对于喜欢历史的游客,总统府是值得一去的。1700多年前,这里曾是东吴宫城,在近代更是风云际会。这里有六朝宫城、明代王府、两江督署、天朝宫殿、临时大总统府、国民政府等历史遗迹旧址;皇朝更替、王府兴衰、督署初建、天国成败、督署重修、民国开创、国府定都、抗战迁还、国共和谈、南京解放等一个个历史事件在此发生;郎廷佐、尹继善、陶澍、洪秀全、曾国藩、左宗棠、孙中山、谭延闿、蒋介石、林森、李宗仁等一个个历史人物在此先后登场。总统府像是个时光隧道,带您穿越时空,感受历史脉搏。

　　对于喜欢建筑的游客,总统府是值得一去的。青砖黛瓦、飞檐翘角的亭台楼阁,高大威严、宽阔气派的清代府衙朝房厅堂,中西合璧的西花厅、子超楼、政务局楼……令您目不暇接。清代衙署园林、地方官衙建筑、仿法国文艺复兴建筑、中西合璧的欧洲凯旋门式建筑、新民族建筑、现代建筑……使这里成为一座中国近代建筑的博览会。

　　对于喜欢书法艺术的游客,总统府是值得一去的。这里的碑刻历史悠久、风格迥异,展馆匾额的题写更是荟集当代名家书法精华。黄象、英和、铁保、俞樾、刘海粟、林散之、萧娴、费新我、武中奇、陈大羽、沙曼翁、尉天池、宋文治、戴逸、胡绳、程思远、任继愈、管峻等名家墨宝云集。

　　对于喜欢园林风光的游客,总统府是值得一去的。这里不乏小桥流水、回廊曲径、假山奇石、夕佳霞映、碧波漪澜、秋抚桐音、石舫观鱼、鹊影忘飞、瓶湖残雪……四季花香,美不胜收,使人流连忘返。古老的煦园焕发新姿,新建的园林犹含古韵。也许是沾了"总统府"的灵气,虽然大院历经战火纷飞不息、政权更迭不断,但院内

1

的许多花草树木,却能枯木逢春、枝繁叶茂。在南京市第一、二批挂牌的 1088 棵"古树名木"中,这里就有 29 棵之多,其他还有银杏、女贞、黄杨、罗汉松、白皮松、黑松、紫藤、紫薇、龙柏、圆柏、侧柏、白玉兰、广玉兰等,花草树木种类不下两百种。优美的环境使您心旷神怡。

……

总统府值得细细品味,寻踪探秘,不同的人将会有不同的收获!

目 录

前言 ………………………………………………………… 1

1 六朝宫城遗址 …………………………………………… 1
2 明代遗存 ………………………………………………… 5
3 清代初建督署 …………………………………………… 8
4 郎廷佐重修关帝庙 ……………………………………… 10
5 于成龙与龙爪槐 ………………………………………… 14
6 "惠洽两江"的尹继善 …………………………………… 16
7 揭开"不系舟"的老底 …………………………………… 18
8 两块"倡廉"的乾隆御碑 ………………………………… 21
9 "煦园"题写者英和 ……………………………………… 23
10 陶澍与"印心石屋"碑 …………………………………… 29
11 煦园内的假山 …………………………………………… 34
12 太平天国天朝宫殿有多大 ……………………………… 36
13 太平天国圣龙船 ………………………………………… 40
14 洪秀全王妃有多少 ……………………………………… 42
15 洪宣娇其人其事 ………………………………………… 44
16 太平天国"团龙"之谜 …………………………………… 46
17 太平天国"天京事变"迷雾重重 ………………………… 47
18 忠王李秀成被俘后的疑问 ……………………………… 49
19 洪秀全的死亡之谜 ……………………………………… 51
20 天朝宫殿宝藏何处寻 …………………………………… 53
21 "纶音"碑 ………………………………………………… 55
22 "侍卫府胡衕界石"碑 …………………………………… 56
23 "勋高柱石"碑 …………………………………………… 58

24	曾国藩的心病	60
25	曾国藩重修督署	67
26	曾国藩的谥号"文正"	70
27	天朝宫殿遗物有多少	71
28	总统府内的棕榈树和竹子	74
29	总统府内的古井	76
30	两江总督署大堂	78
31	曾国荃"三省钓鱼"	80
32	左宗棠奏建陶林二公祠	82
33	陶林二公祠的移建	86
34	煦园"三段碑"缺一何处寻	89
35	端方对革命的"贡献"	94
36	孙中山临时大总统就职场景如何	96
37	孙中山为何对南京情有独钟	98
38	孙中山为何辞去大总统	101
39	孙中山起居室	104
40	中山碑廊	106
41	黄兴断指之谜	109
42	城头变幻大王旗	111
43	李纯的死因	114
44	中华民国国玺	116
45	大门向北的国民政府行政院	119
46	"行政院"三字何人题写	124
47	"国民政府"四字谁人题写	125
48	差点娶了宋美龄的国府主席谭延闿	127
49	民国四大书法家	131
50	草草收场的编遣会议	136
51	总统府门楼和照壁	140
52	蒋介石的把兄弟们	142
53	子超楼前话"子超"	146
54	子超楼前雪松为何长势不好	152
55	枫桥夜泊碑为何会在总统府	154

56	汪伪政权为何没能设在国民政府原址	162
57	麒麟门为何无麒麟	165
58	1947年的国民政府改组	166
59	蒋介石身世之谜	168
60	蒋介石在南京总统府内的办公室	171
61	蒋介石并不常在总统府内办公	174
62	蒋介石的称谓	176
63	蒋介石戎装照上的勋章	179
64	陪选总统的司法院长居正	183
65	李宗仁当选副总统	186
66	民国政要在南京的最后"全家福"	189
67	"总统府"三字谁人题写	191
68	蒋介石、李宗仁曾密谋相互行刺对方吗	193
69	陈布雷自杀之谜	195
70	总统府有地下通道吗	198
71	解放前后的总统府	200
72	"人民解放军占领南京"照片是摆拍的	203
73	太平天国起义百年纪念碑	205
74	总统府建筑群的国保单位名称	207
75	"1912"名称的由来	210
76	总统府周边消失的老地名	212

后　记 …………………………………………… 216

六朝宫城遗址

南京是著名的六朝古都,但六朝宫城的具体位置却始终没有定论,过去观点多认为宫城核心区域在东南大学、成贤街一带。通过近十年来在大行宫周边地区的一系列考古发掘证实,总统府很有可能处于六朝宫城的核心位置,距今已有1700多年历史。

东吴黄龙元年(229),孙权迁都建业,建有一周长近9000米,

总统府西部工地出土的六朝石柱础、人面纹瓦当、兽面纹瓦当、莲花纹瓦当

面积约500万平方米的都城，其东以青溪为界，西至运渎（现洪武路一线，已枯竭），北抵覆舟、鸡笼二山，南门则在今天的羊皮巷、淮海路一带。建都后不久，孙权又在都城西南部，将曾居住过的将军府改建成为太初宫，而后扩建。宝鼎二年（267），吴末帝孙皓在太初宫之东兴建了规模庞大、富丽堂皇的昭明宫。在太初宫东北部又建有可以容纳3000多贵族同时在内骑马游乐的皇家园林——苑城。太初宫、昭明宫、苑城组成了东吴宫城，位于都城中心区域，约占都城的四分之一面积。其后的东晋在苑城基础之上建造宫城，俗称为台城。后来的宋、齐、梁、陈四代宫城规模、形制基本均沿袭东晋，在台城基础上建立了宫城，虽然内部宫殿数量、规模有所不同，但格局位置还是基本相同的。所以六朝宫城与台城的位置基本一致。

总统府大院处于南京市中心位置，周边有青溪、杨吴城濠、运渎等水系环绕。总统府周边在近期的考古中不断有宫城遗迹发现。位于总统府大院南部的南京图书馆在施工时发现了大量的六朝遗迹，特别是六朝宫城的城墙基础，现已原地保护并特辟有专门场地供人们参观。大行宫区域发现的路、墙、濠、井、桥等重要遗迹均为首次发现，其规模、等级非同寻常，这都与六朝宫城有直接的关系。在总统府西部的1912服务区北部还发现石基，有专家认为就是六朝宫城的石柱础。总统府的东面原汉府街长途汽车站区域也发现了宫城墙基，并有专家认为是"六朝宫城遗址博物馆"的最

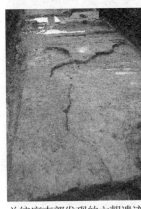
总统府南部发现的六朝遗迹

总统府西北角发现的六朝遗迹

佳选址。

六朝时期宫殿亭台在大院的具体位置不好确定,但皇家宫苑的痕迹还是有的。在20世纪初的南京地图上还可以看到,大院及周边有不少水域,如太平湖、黄家塘等,更早史料亦有大行宫一带多水面的记载,这些水域最早就是当年六朝皇家园林在大院及附近遗留下来的。这也就难怪为什么大院自明朝以来,有明汉王府花园、明武定侯竹园、江宁织造署花园、乾隆行宫、清督署花园、太平天国东、西花园及后林苑等众多园林,这些都是后人根据前朝遗留下来的地形地貌,因地制宜,不断结合当时政治经济加以营造传承的结果。

隋军灭陈后,为了削弱南京(建康)的政治、军事影响,将六朝金粉之地"平荡耕垦",还通过多种措施破除建康的"帝王之气"。到了元代,台城遗址的状况是"尽为军营及居民蔬圃"。台城结束了光彩华丽的篇章,如同皇帝变成了农夫而从此没落,残留的金砖玉瓦、高坡池塘经其后八百年的坎坷战火、荒芜耕作,以前的皇家气派慢慢地消退无踪了。正如杨修之有诗云:"六朝遗迹好山川,宫阙灰寒草树烟。"

总统府大院披上了六朝宫闱的神秘面纱。也许正是因为此等的上风好水,才会有从明代开始的府邸宫殿、官衙国府。

总统府大院,是六朝宫城所覆盖的"风水宝地"。朱元璋定都南京后,没有选址在六朝宫城上建宫,而定在当时较为偏僻的东部地区,原因有三:

其一,六朝宫城虽有300多年历史,但大多为短命王朝,除东晋略过百年,其他都只有几十年,最短的只有24年,六朝后的南唐也只有39年,而且都是偏居江南一隅的小朝廷,朱元璋觉得继续在前朝遗址上建宫不吉利。

其二,南京地处江南富庶之地,经济发达,人口稠密,特别是老城区,前朝宫城原址过去的"皇家风范"早已荡然无存,却已是百姓人家聚居之地,居民众多,交通不便,不便于大规模地新兴土木。

其三,朱元璋的心腹军师刘伯温,根据明朝新建城墙的形状、13座城门的位置,勘定龙首之位在中山门内的燕雀湖一带。这里虽地势低洼,但不失为皇城的"最佳"选址。

于是,朱元璋下令"迁三山填燕雀",建起了皇城,却让功臣、贵族住进了繁华的城内,总统府大院一带,就成了陈友谅之子陈理的归德侯府和沐英的黔宁王府及武定侯郭英的竹园。

"定都南京的王朝多短命"似乎已成定论,其实不然。在当时特定的历史背景下,这些王朝都是"长命"的:东吴历时59年,相对同时期魏、蜀两国的46年、43年,是算"长命"了,并且又是"三国"中坚持到最后才被消灭的;东晋无论从疆域面积和存世时间,都是同时期北方"十六国"不可比拟的;南朝的宋、齐、梁、陈朝代更替,都是皇帝被要臣取代,疆域变化不大,许多前朝大臣都被留用,如此长达170年,相对于北朝的战乱动荡而言,也可谓相对稳定;南唐在动荡的"五代十国"时期,又是疆域最大、经济最发达、存世时间相对较长的国家。太平天国运动长达十余年,拥有半壁江山,这在农民起义中也是最为"辉煌"的。如此横向比较,不难发现,虽然"黄旗紫盖"的王气多次被破坏,但是南京的"风水"还是不错的!

总统府是六朝宫城遗址,南抵南唐宫城,东临明故宫,中国近代风云不但在此际会,十朝都会精华也能在此寻觅。

2 明代遗存

现在的总统府大院地域在明初主要分为三个部分：南部是元末起义军头领陈友谅之子陈理的归德侯府，后来改为朱棣次子朱高煦的汉王府，现在的长江路东头的汉府街就是因此而名；西部是黔国公沐英的黔宁王府；东北部是武定侯郭英的竹园。

有人认为，总统府内的煦园是因"朱高煦"而名，这一说法欠妥。

朱高煦是明成祖朱棣的次子，"性凶悍"，成祖立长子高炽为太子后，封高煦为汉王，封地为云南，后改为青州，高煦以"我何罪？斥万里"为由"而不欲行"。后因谋反，经太子高炽求情，成祖削高煦护卫，改封乐安州，仍称汉王。宣德元年，高煦在乐安谋反再次被俘获。不久，"高煦及诸子相继皆死"，株连死者六百四十余人。高煦改封青州前，在南京的汉王府位置，因避讳而在明及清初均无具体记载。到了清嘉庆《新修江宁府志》中才注明是归德侯陈理的旧府，位于总统府大院南部。

朱高煦生前尊为皇室亲王，并且屡立奇功，性格颇似成祖，武勇英俊，一度有望成为太子。朱棣曾对他说："你哥多病，活不长，将来太子之位是你的。"可见朱高煦地位之高，名字应予避讳，不会以其名命园林；朱高煦死后是"谋反而灭九族"的"叛逆之人"，名字亦应该忌讳。明代连朱高煦汉王府的

沐英像

具体位置都没有记载,更不要说用他的名字命名园林。

明代中期,因供应都城的粮仓大仓(又名太仓)设在大院附近,这里曾名大仓园。

"嘉言"碑是保存较为完好的明代遗物,现陈列于"两江总督史料陈列"展览中。碑文记载了《新唐书》中的一段文字:

卢坦为河南尉,时杜黄裳为河南尹,召坦立堂下,曰:"某家子与恶人游,破产,盍察之?"坦曰:"凡居官廉,虽大臣无厚畜,其能积财者,必剥下以致之。如子孙善守,是天富不道之家,不若恣其不道,以归于人。"黄裳惊其言,自是遇坦厚。

卢坦,唐代洛阳人,曾因为民请求延期缴赋受到处罚而名盛一时。卢坦在担任河南尉的时候,有一天,上司杜黄裳召见卢坦说:"有个大官的儿子不慎交了坏朋友,现在败尽家财。你去深入调查一下,了解一下详细情况。"卢坦说:"凡是为官清廉,虽然位高权重,也不会有丰厚家产;若有庞大家财,必是剥削百姓累积而得。如果子孙能够守财,那是上天要使不道之家富有,人也没法;若是不能守财,那是取于人还于人,还有什么好调查的。"杜黄裳对卢坦

嘉言碑

的回答觉得非常有新意。这个故事在明代广为流传。

由落款可以得知：石碑是襄城伯李隆于正统丁巳年(1437)所刻。李隆是朱棣登基功臣李浚之子，永乐四年(1406)九月，15岁的李隆世袭襄城伯，后来是明代的首任南京守备。李隆文武双全，清慎守法，廉洁自律，在南京为官前后长达18年，深受人民爱戴。李隆离任时，人们流涕送别，情景感人。后来郑和以宦官身份同为南京守备。

"嘉言"碑发现的具体位置为子超楼与长江后街之间。长江后街曾名为"宗老爷巷"，因明末清初的官吏宗敦一居此地而名。宗敦一是明代四川宜宾富顺县进士，崇祯年间任监察御史。明崇祯十六年(1643)，宗敦一出任江南督学，被尊称为江右宗公。明亡后，顺治三年至五年和顺治九年至顺治十一年宗敦一两次出任江南道监察御史，其间还出任过直隶巡按御史、山东巡按御史，顺治九年(1652)至十年(1653)在南京出任顺天学政。清代学政的地位较高，加提督衔，官阶与督抚平行，当时只有顺天、江南、浙江设学政，掌管各省学校生员考课升降之事。著名理学家、教育家朱柏庐先生就是宗敦一的门生，"黎明即起，洒扫庭除"的朱柏庐治家格言至今仍是脍炙人口的勤俭家训。

总统府大院区域曾是王侯官宦府第，其后随主人的失意或迁移而没落，故鲜有记载。从"嘉言"碑的记载内容来看，这区域直到明末，都应是大户人家居住。明末清初，总统府北部是宗敦一宅第。这一带房屋结构、风水布局等都较好，也是清初选址新建两江总督署的原因。

3 清代初建督署

清朝建立初期，政局不稳，特别是江南地区，明朝残余势力暗流涌动。顺治帝对洪承畴十分器重，以洪承畴在明朝时的原职衔任命他为太子太保、兵部尚书兼都察院右都御史，入内院佐理军务，授秘书院大学士，成为清朝首位汉人宰相。清军于顺治二年（1645）五月攻取南京。洪承畴"总督军务招抚江南各省"，敕赐便宜行事，是江南地区等级最高的官员，选定大院为办公衙署。

洪承畴受命招抚江南，采取以抚为主、以剿为辅的策略，减轻百姓负担、刺激经济发展，尽量避免过多的武装冲突，为促使国家统一和安定社会秩序起了积极作用。他以"原官、司留任，不念旧故"为条件，招抚、举荐大批明朝降官，请求减免钱粮，停征漕运税，缓和满汉之间的民族矛盾，用平和的方式招抚两江地区十三府，使这些地方少遭兵火洗劫。

总统府西面的碑亭巷就是因为有块纪念这个时期没有屠城的石碑而名。据载，最初清军南下攻克城池后，数次肆意屠城，人民十分痛恨，民族矛盾愈加激烈。在当时这种形势下，以豫亲王多铎为代表的一些有远见的清军将领渐渐认识到，不能这样继续下去。清军攻克江宁（今南京）后，开始下令部队不许滥杀无辜，因而受到人们的尊敬。据《钟南淮北区域志》记载："清豫亲王初

洪承畴像

下江南,秋毫无犯,城人立碑于巷,以颂功德,用亭覆之。"

顺治四年(1647)十二月洪承畴因父丧,回乡守制,后奉召返京,再次入内院佐理机务。马国柱、马佩鸣等人在洪承畴离任后先后主政江南。虽然两江地区总督的设置和管辖区域几经变化,江南、江西时分时合,但洪承畴选址的督署均为两江地区或江南省的最高行政办公衙署。按照规制,多次修葺完善后的督署从前至后,照壁、辕门、仪门、朝房、大堂、二堂、暖阁、六科,一应俱全。朝房作收捐、收费、签押、听差之用,在右廊后面是关押犯人的监狱。前面为总督处理公务之处,后面为起居生活之所。衙署西侧有一花园。

两江总督正式设立始于康熙四年(1665),管辖范围大致为现在的江苏、江西、安徽三省及上海市,经济上是国库漕赋的重中之重,政治地位在全国的8个总督之中仅次于直隶总督。后来,康熙、乾隆巡游江南,总督署西侧建有行宫以迎圣驾。

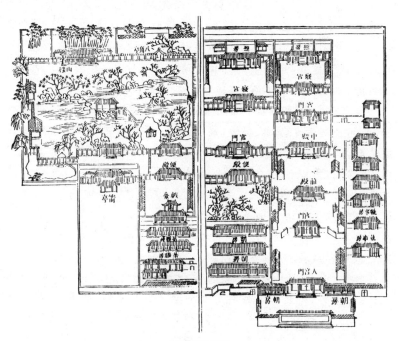

江宁行宫图

4 郎廷佐重修关帝庙

清代的府衙东西两路一般都有庙宇，东为土地庙，西为马神庙或关帝庙。甘熙的《白下琐言》亦有记载："督署箭道（关帝）庙，亦总督致祭"。但以前总统府区域一直没有发现任何庙宇的遗迹。2002年，在西花园发现了"关帝圣庙重修碑"和"助工题名碑"两块石碑，结合大院其他历史资料推断，两碑出土附近应为关帝庙遗址。

"关帝圣庙重修碑"由青石制成，高122厘米、宽70厘米、厚22厘米。碑文16行，有个别字已模糊不清。碑文如下：

关帝圣庙重修碑记

自古帝王，创业垂统，奕业云仍，绵亘靡极。或以为圣明英睿之谟，元良弼亮之力。不知上帝寔授之，百神咸助之。盖溟漠中，所为辅翼赞襄者，殆居多焉。我大清定鼎燕京，奄有匡夏。声教东渐西被，不数载而莫不尊亲，彼神灵之协畀，有炳如日星者。

初任总督擎宇马公，始筑箭圃此地，以励将士。首建关帝神庙，其间经之营之，春秋烝尝，晨昏拜谒，周有不庄以肃者。迨公谢政之后，奉祀鲜入，日渐圮侧。予以樗材，幸叨钜任，而敢弗广其规模，恢其制度，以似以续也乎。自戊戌夏月，鸠工伊始，暨今岁三月，乃克告成。计构殿凡三楹，厢屋凡四间。神马神卒等像，大约尽属捐俸以为之者。由是而过庙下者，正容敛手，无不在上在前而怀瞻仰之忱焉。由是而入庙中者，长距焚香，无不如临如履而笃俨若之敬焉。彼焉神明，鉴其精诚。为之将者，好谋能断，我车既攻，我马既同，无之非干城胆心之保也。为之士者，披坚执锐，一可当百，百可当万，无之非熊罴彪虎之卒也。自今以往，四方绝域，胥沐主化，而海不扬波矣。畿甸侯绥，偕歌《大有》，而旅不赍粮矣。且也男耕女织，老安少怀，指日而睹唐虞成周之美俗矣。猗与休哉！猗与休哉！

敬以是告相继而莅斯土者，是为纪。

时顺治己亥季春中浣之吉,钦命总督江南江西等处地方军务兼理粮饷兵部尚书兼都察院右副都御史郎廷佐撰。

碑文中不仅有对重修关帝庙时代背景的记录,有关帝庙建成后香火旺盛的描述,也有平民百姓所向往的"男耕女织,老安少怀"词句。落款为"顺治己亥季春中浣之吉,钦命总督江南江西等处地方军务兼理粮饷兵总尚书兼都察院右副都御史郎廷佐撰",说明此碑是时督两江地区的郎廷佐于顺治十六年(1659)春季所立。

郎廷佐是清代首任两江总督,他虽是明朝降将熙载的儿子,却是立清肃明的大功臣,从顺治十二年(1655)至康熙七年(1668)督两江区域长达14年。郎廷佐风流儒雅,文武兼长,耿直亲民,政绩显著。面对反清复明的劲强势力,郎廷佐正确领会顺康两帝意图,较好地处理了满汉矛盾。在总督署旁修建关帝庙,就是郎廷佐的重要举措之一。

关帝,即三国时的关羽,经过1000多年官方和民间的神化,到清初不仅在汉人心中地位很高,也得到包括满族在内的许多少数民族的仰慕。明神宗万历年间,关羽被封为协天大帝、三界伏魔大帝、神威远震天尊关圣大帝君。清初,关帝地位被推至极顶,顺治九年,关帝被敕封为忠义神武灵佑关圣大帝,同时朝廷还颁布了一

复原的关帝庙门额

系列在宫廷及民间普建关帝庙的旨令。关帝在儒、佛、道三教中有极高地位,被尊为武夫子。

顺治十六年(1659)春季,关帝庙在总督署西部修毕,郎廷佐亲自致祭并撰写碑记。在督署衙门旁重建关帝庙,体现了清王朝初期剿抚并施,用关帝"忠"、"义"、"勇"精神控制人们思想等一系列旨在缓和民族矛盾,削弱民间反清势力,巩固统治的方针政策。同年夏天,也就是在关帝庙重修建成不久,郎廷佐以不足三万兵力击败了郑成功势如破竹、兵临城下的十万大军,并一举稳定了长期动荡的长江以南流域,使人民结束了兵燹动荡之苦。

关帝庙重建于1658年夏季开工,次年3月完成,"计构殿凡三楹厢屋凡四间"。据推测,关帝庙应毁于太平天国时期。

"助工题名碑"也刻立于顺治十六年(1659),碑文较为细密,主要铭刻重修关帝庙时,江南江西部院标下大厅副总兵官、原任旗、左营中军守备、水师营及各地、个人出资捐款额等。"关帝圣庙重修"与"助工题名"两碑尺寸、纹饰相近,现均立于发现原址。附近院落已修葺为关帝庙景点,并新挂有"关帝庙"匾额一块,悬有对联"先武穆而神大汉千古大宋千古;后文宣而圣山东一人山西一人。"对联,意思是大汉名将关羽先于大宋精英岳飞(谥号武穆),前后相距千年,各领风骚而名垂千古;孔子(文宣王)为山东一文夫子,关

立于发现原址的两块石碑

助工题名碑(局部)

云长是山西一武夫子,太行山之东西各出一圣人。

"关帝庙宇遍天下",尽管经历了许多历史变革,关帝庙仍然遍及海内外 30 多个国家的华人聚集地区。民国元老于右任曾为马来西亚一座关帝庙题写楹联:忠义二字,团结了中华儿女;《春秋》一书,代表着民族精神。关羽的忠义已经成为中华民族传统文化的重要组成部分,关帝庙已经成为联系海内外炎黄子孙的纽带。

《点石斋画报·武帝显灵》

5 于成龙与龙爪槐

总统府内的"龙爪槐"有不少,刚进大门,就能看到几株。龙爪槐不像刺槐那样高大参天,一般高不过二三米,树枝像打开的雨伞一样四周垂下,主干较直,而上部的枝干曲折弯凸、层峦起伏。龙爪槐树叶很密,据说还可以用来泡茶呢。

"泡茶"之说源于被康熙誉为"天下廉吏第一"的两江总督于成龙。于成龙自幼清苦,努力读书。顺治十八年(1661),以副榜贡生资格进京候补。历任广西罗城知县、黄州江防道、福建按察使、直隶巡抚,康熙二十年(1681)十二月,升任两江总督。史载于成龙"貌如学究,用兵如神",督两江时"好微行,察知民间疾苦,属吏贤不肖"。以至于"官吏望风改操,知公好微行,遇白髯公伟貌者,群相指震慑"。于成龙还有一雅号——"于青菜",是因他在督署园内自种青菜而得,他与家人每天都是青菜寡饭、盐汤咸菜。如有客人来访,没有茶叶,他就在督署内采摘槐树叶,

于成龙像

以树叶代茶,督署内的槐树因此常年都是光秃秃的。康熙二十三年(1684),于成龙在繁重的公务和清贫的生活中去世,只留下一套粗蚕丝袍、两件靴带、数斗粗米等物,此外别无积蓄。凡他任职过的地方,居民均为他建祠纪念,康熙为江宁的于成龙祠亲赐匾额"高行清粹"。

如今的人们早已不会用清苦的龙爪槐叶来泡茶喝了。但是想想现在频频落马的那些贪官,再看看这大院内的龙爪槐,似乎甘于清贫倒来得自在些。

龙爪槐

5 于成龙与龙爪槐

《点石斋画报·于清端公轶事》

6 "惠洽两江"的尹继善

两江总督展览中有一块"惠洽两江"卧碑，这是根据乾隆南巡时为两江总督尹继善所题匾额所刻。两江总督署大堂内的"两江保障"、"三省钧衡"匾额也是复制当时乾隆御赐，再加上乾隆另题的"不系舟"、"夕佳楼"匾额，乾隆御赐匾额多达五块，这对于尹继善来说，是无上的殊荣。

尹继善在历任两江总督中，是任职次数最多、任期最长的一位，先后在江南为官30余年，四督两江共计18年。特别是乾隆十九至三十年（1754—1765）第四次出任两江总督长达11年。尹继善才干突出，性格稳重，"视江南为故乡"，为人光明磊落，处理事务通情达理，公正合理，从不妄杀一人，老百姓"每闻公来，老幼奔呼相贺"。乾隆好与大臣文字相谑，尹继善也能化解刁难。

当年尹继善为了"迎接圣驾"，特地将水中船形书屋改建修葺为石舫。乾隆在署内看到这太平湖中屹然不动、稳如泰山的石舫，也许是想到唐太宗李世民"民如水、君如舟"的比喻，而此时国家正逢盛世，国泰民安，大为喜愉，欣然提笔，亲赐名曰"不系舟"。

"惠洽两江"碑

据说乾隆当时故意问尹继善:"可知朕取名何意?"

尹继善笑答皇上:"此舫乃大清吉祥物,任凭风吹浪起,何须绳缆,大清江山固若金汤。"

乾隆爷捻须点头,又问:"你这湖面甚小,置这一舫,岂不是一篙便可将船撑向彼岸?"

尹继善连忙回答:"皇上圣明,此舫乃石质,皇上驾驶此舫,实为万寿无疆,大清前程无量,是永远没有彼岸可言的。"乾隆对此回答十分满意。

乾隆对李卫、鄂尔泰、田文镜等大臣十分欣赏,曾要求尹继善向他们三人学习。尹继善回答说:"李卫,臣学其勇不学其粗;田文镜,臣学其勤不学其刻;鄂尔泰,宜学处多,然臣亦不学其愎。"乾隆不但没有怪罪尹继善,反而夸他是个真知学者。

尹继善历兼境内将军、提督、巡抚、河督、漕督、盐政、上下两江学政等九职,执掌文武九印,却能做到游刃有余、忙而不乱。乾隆多次南巡,每到江南,尹继善总是调度得当,周到细致。尹继善虽公务繁忙,但仍不废诗才,经常与袁枚等人吟诗作赋。尹继善虽是其父大学士尹泰与侍妾所生,却是最为其父骄傲的儿子,其身为侍妾的母亲也被封为一品诰命夫人。

乾隆三十年(1765),乾隆召70高龄的尹继善入阁办事。后来乾隆在《怀旧诗》中对尹继善有如下评价:"继善为巨擘,亦赖训迪诱。八年至总督,异数谁能遘?政事既明练,性情复温存。所至皆妥帖,自是福(辐)量辏。"

揭开"不系舟"的老底

"不系舟"是总统府历史最为悠久的建筑。数年一度的太平湖清淤,太平湖水被彻底放干,人们可以窥见不系舟的全貌。

乾隆十一年(1746),两江总督尹继善在督署内西花园池中,建有水上船形书斋,别具风格。十六年(1751),尹继善为了"迎接圣驾",特将江宁织造署(今大院南面)西部扩大为行宫,并把总督署西花园改为行宫花园,"窗槛栋宇,气势壮观"。"江南好,第一是行宫。辇路草长含晚碧,御衙花嫩发春红,驻跸记乾隆。"现大行宫十字路口外,即为当年行宫门址。二十年(1755),尹继善重建此书屋,修葺为石舫,以迎接乾隆的第二次南巡。二十二年(1757),乾隆至南京,重题"不系舟"匾额。

"不系舟"一词出于《庄子》:"巧者劳而智者忧,无能者无所求,饱食而遨游,泛若不系之舟。"四十九年(1784),乾隆第六次南巡

不系舟

后,感到沿途供张糜费,劳民伤财,特别是官吏借此贪污,中饱私囊。于是下诏"不再奉行南巡",并永作禁例,"戒后世子孙不得引此为例"。此后行宫花园又成了总督署的西花园。

1853年,太平军攻占并定都南京,"不系舟"初次受到大规模破坏。1854年,洪秀全大兴土木,把大院扩建为天朝宫殿,修整保留了西花园内的石舫,并把它作为休憩和召开重要会议的场所。

1864年,湘军攻入南京,许多宫女从石舫纵身跳入太平湖,以身殉国。湘军的一把大火烧了华丽的天朝宫殿,"不系舟"上的木结构部分也受到损害,好在下部的船身全由石头砌成,又独立于水中,所以得以保存。

"不系舟"几经修建。石舫最早只有木桥连于东岸,后建石桥贯通全湖,东直西曲,并配有铁栏杆。解放后,船舱上的木质结构多次按照太平天国风格修建。两边门柱上的一对彩雕木狮,雄伟健壮,狮子额头上的"王"字颇引人注目,倒看又像"天"字,这正是太平天国雕刻动物装饰中独有的纹饰特征;前舱两扇木雕屏风中的"猴鹿"(谐音"侯禄")、"凤凰"和"麒麟",精工细刻、神态生动;船头"牡丹"、"万年青"及彩绘浮雕等图案,都带有浓郁的太平天国特

摄于清末的"不系舟"

"不系舟"上的图案

征。现在的"不系舟"三字为上世纪80年代初,我国著名左手书法家费新我先生所题。

太平湖水被抽干后,"不系舟"老底尽显。它建在一个青石平台之上,用10层巨型青石一一垒砌。平日太平湖水满时,人们只能看到船舷以下三四层的部位,湖水放干后,常年潜于水下的6层青石也全部现形。它们有3米高,边缘被仔细地打磨成弧形,呈现出木船外廓的优美弧度。最为出彩的是"不系舟"的尾部,用一整块青石刻成的尾舵拖在中央,舵杆伸出水面,就连固定尾舵的舵环都被清晰地刻画出来。"不系舟"方头平底的设计和清代在长江和浅海中航行的沙船十分相似,可能当时就是依照东南沿海常见的沙船设计的。

难得一见的"不系舟"底部

8 两块"倡廉"的乾隆御碑

夕佳楼西面有一飞檐翘角的碑亭,里面有两块乾隆御赐给两位两江总督的诗碑。两碑均为高2米,宽85厘米。

一首是赐给萨载的:"节度江南历多岁,练于吏治悉河工。唯应益慎勤诸事,勿以已知懈一躬。不患士文武莫弛,欲求民裕俭当崇。久而敬者晏平仲,絜矩为师尔我同。"晏平仲,即春秋时齐人晏婴,以节俭力行闻名。这首诗用以表彰萨载治水有功,并提倡君臣一致,为民富而勤俭。

萨载是满洲正黄旗人,一生大都在两江地区做官,受到两江总督高晋的重任,先后任苏松太道、松江知府、江苏布政使兼织造、署理巡抚、江南河道总督,乾隆四十四年(1779)出任两江总督。萨载在两江前后几十年,大部分时间精力都在"悉河工"。他亲临勘察,力排众议,采取多种措施缓解黄、淮水患。萨载开陶庄引水,以防黄河倒流,开挖镇江钱家港至江宁龙潭的"新河",并提出修浚金山对瓜洲城河,以及拓展涟河、骆马湖、六塘河等建议,对于江宁周边地区的水患治理有不少成效。乾隆十分关注黄淮入海地区的治水问题,多次下旨称萨载"与朕意合"、"览奏深慰"、"欣慰览之"。

另一首是赐给书麟的:"入觐刚逢六辔琴,遂随安福析津临。歙徽灾务纾予念,廉谨家风望尔任。渔舍蜗庐非异景,龙陵虎阜忆前吟。谓卿此去推行好,寄我怀民一片心。"这首诗不只是在南巡怀古,而是要求地方官员不要沉迷于"江南佳丽地,金陵帝王洲"的荣华富贵,不要忘记贫穷受灾地区的疾苦,要牢记历史王朝兴亡的经验教训,清正廉洁,忠于职守,为国家为人民多做好事。

书麟是前任两江总督高晋的儿子,镶黄旗人,乾隆五十二年(1787)继任两江总督。上任伊始,乾隆即手书上面的这首诗予以勉励。书麟接受萨载失察受连累的教训,严查浙江盐运道的贪污亏空案。据载,"和珅柄政,书麟与之忤",在当时,敢于与乾隆宠臣

乾隆御碑亭

和珅抗争者毕竟不多。书麟素行清廉谨慎，到管辖地区巡视考察，也是减少随从，一律从简，不给民众增加负担。

在这两首诗中，乾隆都提到了廉洁自律、勤俭尽职的为官之道，意识到这是一个王朝统治是否能持久的问题，是一个关系到国家生死存亡的问题。

乾隆御碑亭的"碑亭"二字是沙曼翁所题。沙曼翁是爱新觉罗氏，四体皆精，尤以篆隶饮誉全国，其篆隶书以隶体杂汉简，笔锋遒劲有力，自成风貌。他题写的"碑亭"与亭内乾隆御碑融为一体，古朴典雅。

9 "煦园"题写者英和

"煦园"横额

煦园圆门上横刻的"煦园"二字,刚劲有力,饱满圆润,令人赞不绝口,这是清代大学士英和题写。英和,生于乾隆三十六年(1771),幼名石桐,字树琴,号煦斋,满洲正白旗人,官至户部尚书,协办大学士,军机大臣。英和是清代嘉道年间的朝廷重臣,其书法自成一家,与刘墉、成亲王永瑆齐名。英和一生几经跌宕,"煦园"碑刻是其难得存世至今的遗墨碑刻。

一、巧计拒婚　和珅嫁女落难堪

英和是礼部尚书德保之子,从小工诗文、习书法,加上聪明好学,相貌英俊,很是招人喜爱。当时权势鼎盛的和珅看中英和,一心想召为女婿,几次暗示英和父亲德保。但是德保看不起和珅,始终装聋作哑,没有任何表示。和珅就想请乾隆出面做媒。德保得知这一消息后,一阵手忙脚乱,突然想到一位八旗世家同僚的掌上明珠,文雅娴淑,知书达礼,是旗人中有名的闺秀,便与英和一同前去求婚,长跪不起。同僚感于诚意,终于点头允许。德保立刻下了聘礼,并定下迎娶日期。

几天后,乾隆在养心殿召见德保,一番寒暄后,问起他家里的情形。德保正好借此说出英和已有聘妻,并且已定下吉期。乾隆便只好默然无语了。和珅欲招英和为婿之事就此作罢,搞得很是难堪,心想:"好小子,看我以后如何收拾你!"

乾隆五十八年正科,会试三总裁(考官)中有和珅亲信,没有让英和列入"前十本"。英和殿试为二甲第25名。后来在"散馆"考试时,和珅向乾隆要了个"巡察"的差使,得以进入考场,走到英和案旁,拿起他的稿子看了一会,还很殷勤地慰勉了几句,方才离去。

英和看着和珅离去的背影,心想大事不好:和珅这次巡考显然是专门为了对付自己,如能从笔迹上认出卷子,要陷害自己很容易。

英和终于心生一计,自己兼备欧、苏两体书法,精劲丰腴,大相径庭。好在和珅所看到的案卷,只是草稿。于是,英和就用另一体书法誊清,想必和珅是认不出来了。

果然,交卷以后所发生的情形,正如英和所意料。当和珅兴冲冲地查阅全卷,却落个茫然不辨的结果。机智的英和散馆考试列二等第2名,得以"留馆"。按照二甲授职编修、三甲授职检讨的例规,英和成了翰林院最年轻的编修。

二、屡受恩宠　平步青云入军机

乾隆帝早年说过,在位年数不会超过圣祖康熙的六十一年,所以乾隆六十年(1795),便"内禅"让位,做上了"太上皇帝"。乾隆是在权力绝对掌握的情形之下宣布内禅的,内禅大典定在丙辰的元旦——六十年前使用乾隆年号的第一天;同样地,嗣君皇的年号嘉庆,亦在这一天开始见于官方文书,但宫中仍称"乾隆六十一年",可见仍是"太上皇帝"亲裁大政,只是用嘉庆的年号颁发诏书而已。和珅在这几年还是有"太上皇帝"护着,无人敢碰。乾隆"训政"三年有余后"无疾而终",嘉庆才成为真正的皇帝,实权在手,畅行其志,第一件事便是杀了和珅。

和珅同党受到了一定牵连,而许多当年与和珅不和的人都受到了嘉庆重用。英和

英和像

以当年拒婚之事,也在重用之列。嘉庆三年(1798),英和由修编破格提拔为学士、内阁学士;五年,授礼部侍郎兼副都统;六年,任内务府大臣;七年,赐黄马褂,授翰林院掌院学士;九年,赐一品服,加太子少保。英和通达政体,文武兼备,爽直刚毅,敢做敢为,在官场上几经沉浮,于嘉庆十九年,调任吏部,重任军机大臣行走。

道光帝即位后,英和调任户部并任军机大臣。宣宗朝议治国良策,英和竭诚进言限制各省府、州、县办公陋规,引起众臣非议,一度被罢军机大臣。道光四年(1824),英和主持编纂的《仁宗实录》完成,加封太子太保。

英和不但在仕途上屡受恩宠、平步青云,在成为朝廷重臣的同时,其书法造诣亦是不断成熟。

三、工诗善书　自成一家闻于世

清王朝的满族统治者入主中原后,积极接受、学习汉族文化,促进文化融合,许多帝王都对书法创作有着浓厚的兴趣,尤以康熙、雍正、乾隆三位皇帝的书法最好,三帝身体力行,尊崇汉儒文明,学习汉人的典籍、艺术,对清代书坛的发展产生了深远影响。英和从小临摹多宝塔帖,成年后即得赵孟頫之神,后来拜师于刘墉门下,工诗文,善书法,并兼长绘事,其妻萨克达氏亦善丹青。英和楷、隶、篆、行、草各体皆精,晚年又兼以欧、柳体而书,自成一家,当时与刘墉及乾隆帝十一子成亲王永瑆并名当世。英和自其父及两子一孙,最早都是以词林起家,为八旗士族之冠。

英和风流儒雅,我国许多地方都留下了他的墨迹。济南五峰山风景区内八景之一洞真观玉皇殿东的清泠泉,因"清泉击石,泠泠作响"而名。泉自石雕

英和书法

英和书写的扇面

龙头口中流出,跌落于池中。泉水淙淙流淌,叮咚悦耳,形成独具特色的泉水景观。池中建有一座小亭,亭柱南侧就镌刻有英和行书对联:"到此息尘虑,对之清客心。"

英和洒脱旷达,曾写下一副对联:"会摆脱原多快活,难颠顶是大便宜",通俗易懂,与郑板桥的"难得糊涂"如出一辙,表明人应当有崇高理想,不可有贪婪奢求,当"摆脱"时就松手,该"颠顶"时即掉头。远害而快活,便宜而淡泊,修身而释惑,如此处世颇具禅趣。

四、数度江南　海运折漕开先例

嘉庆六年(1801)六月,英和任江南乡试正试官,来到南京,在《留题金陵》诗中,有对两江总督署内小住多日的描述:"桐经寒后音多苦,桂及花时露有香。如此胜游长作客,几回翘望大功坊。"看来英和对督署西花园内的桐树、桂花印象颇深。时至今日,桐音馆边桐树参天,桂花八月依旧飘香。

后来,英和多次到过南京并居督署,"煦园"二字就是题于嘉道年间督署内,并在西花园整修时嵌于门额之上。

在江南期间,英和结交了许多两江高级官员,尤数与陶澍结下的友情最为深厚。英和比陶澍年长8岁,两人不仅都精于诗文书法,政见上也是相得益彰。海漕的试行成功便是两人合力所至。

江南是清王朝的国库漕赋重地,每年的漕运都是由河道运输,一旦旱涝,则受阻难以通行,损失重大。道光五年,洪泽湖堤决口,漕运受阻,海漕之事再次朝议,众臣大都因没有先例而大言不可。

漕运之事一直是个难题。数次到过江南的英和,对漕运之事见解独到。

英和认为海运、折漕二事是大事,再次上奏:治理河患与河运漕粮不能同时进行,只有先暂时停止河运以便治理水患,同时雇募海船以用于海运漕粮,而主管官员不敢海运,一是顾虑商船到津难以卸货交接,二是对于以前漕运的各等工种将难以安插。英和还提出了许多细节上防弊处置的方法对策等等。道光帝认可英和奏折,下诏令各省拿出具体方案来,但是大多省份都推诿说不方便,只有陶澍全力支持推行海运,拨苏、松、常、镇、太五地漕粮分批海运。至次年二月,运至天津的漕米共计122万余石,船只无一漂损,而且运到京城的大米,成色晶莹,质量超过漕运,海运成本是河漕一半都不到。

漕船顺利到达天津后,道光帝大喜,诏奖英和与陶澍,特赐英和紫缰、陶澍花翎以示表彰。后来,漕运改为海运最终成为定制。

五、风雅爱才　早年失误贻善终

英和屡掌文衡、爱才好士。也许当年曾在考场磨难,数度出任考官的英和十分爱惜人才,许多考生因为考官是英和而庆幸不已。

道光年间,逃居国外的新疆叛匪张格尔在国外势力支持下,利用当地民族、宗教矛盾,自号"苏丹",屡次聚众叛乱。英和多次上疏用兵方略,筹备军需物资,并大力举荐长龄、武隆阿等人担任守边剿匪重任,终于平叛成功。

英和印章

晚年的英和因家人增租受到牵连,被贬为热河都统。在热河(今承德)期间,对政治失望的英和对当地"二人转"产生了浓厚兴趣,从中寻找到久违的快乐。

英和印章"煦斋"

本以为可以安度晚年,可没想到又

节外生枝。英和早年监修的宝华峪孝穆皇后墓地宫浸水,道光帝追究当时负责官员,认为英和始终督工,责任尤其重大,查办后欲处死刑。后因太后认为不应以家事诛杀大臣,而改发配到黑龙江充当苦役。"二人转"艺人为报答英和,跟随他来到东北,吸取了黑土地的营养,终于发展成为后来风靡全国的"东北二人转"。

英和60岁时才释放回原籍,道光二十年(1840),古稀之年的英和与世长辞,死后被追赐三品卿衔。

纵观英和一生,可谓跌宕起伏,既曾官至一品、出任军机、加太子太保,又曾刑将大辟,转而充当苦役。英和才华横溢,节俭奉公,直言不讳,体恤民情,思路敏捷,文武兼备,不愧是清朝嘉、道年间的一代俊才。

有不少清人用字号命名园林,两江总督署南面的"楝园",就是因江宁织造曹寅的号"楝亭"而得名,"可园"也是因陈作霖的号而名。英和,号煦斋,其两个儿子分别名为"奎照"、"奎耀","照耀"一词又是"煦"字意义的延伸。英和曾是朝廷重臣,居住督署正逢其政治、书法均处顶峰之时。"煦园"因英和之号"煦斋"而名较为合理,只是后来英和官场衰落而无人提及。太平天国时期天王府内的西花园就是改造道光年间"煦园"而成,当然也不会提及清人之名。

10 陶澍与"印心石屋"碑

陶澍是我国清代嘉道年间的朝廷重臣,担任两江总督长达十年并卒于任上。陶澍政绩卓著,被道光帝誉为"干国良臣"。陶澍的一生有许多事情与"印心石屋"联系在一起,总统府(两江总督署遗址)内的"印心石屋"卧碑就是陶澍当年所刻制。

一、石屋苦读　少年得志

陶澍出生贫苦,其故乡小淹镇,距安化县城约40公里,系穷乡僻壤之地。陶澍从小聪明好学,五六岁就开始砍柴、放牛、打鱼,但他"且耕且读",总是书本不离身,一有机会就过一阵子读书瘾,树荫下、石头上都是他绝好的天然书房。陶澍11岁能巧对妙联,12岁时能写作八股文,显示出许多过人之处。父亲看到儿子如此好读,终于同意陶澍到当地的私塾水月庵读书。

在离水月庵不远的资江中,有石长宽各约两丈,凸出江面约两丈许,方正若印,这就是印心石。陶澍很喜欢躺在这印心石上看书,并将水月庵的书斋起名为"印心石屋"。

据说,这印心石在当地被称为"官印",能与江水同涨同落,四面环水永不淹没。在印心石的岸边附近有三座大山,俗称鸡公山、蜈公山、虾公山,

陶澍像

山脚均伸向江边,呈"三公抢印"之势。鸡公是陆上动物,下不得水;蜈公可以入水,但需防被鸡公所食,不敢入水;只有虾公占尽天机,最后能下水抢得官印。陶澍住在虾公山下,后来被当地百姓传说是虾公精的化身,所以官印也为陶澍所得。林则徐曾有诗赠陶澍:"石是印心心是印,生前星宿已罗胸。"

陶澍勤奋好读,23岁乡试中举,25岁殿试中进士,28岁授翰林编修,嘉庆二十五年(1820),43岁的陶澍任川东兵备道,当时的四川总督奏报陶澍"治行为四川第一,堪胜大任"。

二、政绩卓著　道光赐匾

道光皇帝对陶澍的欣赏竟是从反感疑虑开始的。陶澍担任安徽布政使时,曾声色俱厉地面奏当时官场渎职贪污情况,并直言不讳地说到了某官。道光帝对陶澍嫉恶如仇的直爽性格不甚了解,觉得陶澍有打击别人抬高自己之嫌,心里十分反感,下密谕给安徽巡抚留心陶澍为人。不到一年,道光帝从许多方面了解到陶澍清正廉洁、勇于任事、才识优长、持论公正,乃"不负朝廷堪委之员"。自此,道光帝对陶澍的信任有增无减。

道光十一年(1831),任两江总督的陶澍再兼两淮盐政,九月,因整理盐务和镇压侉匪有功,被道光帝奖誉为"干国良臣"。陶澍在道光帝的支持下,对盐务、治河、漕运、币制、赈灾、海防等方面进行了一系列改革,效果显著,得到了上至帝皇,下到百姓的一致赞赏肯定。道光十五年(1835)冬,58岁的陶澍因政绩卓著入京觐见道光皇帝。道光帝从11月25日到12月16日间共召见陶澍达14次之多,还特地问到了陶澍的家乡情况。

在对家乡的描述中,陶澍特别提到了"印心石"和自己在"印心石屋"寒窗苦读的故事。道光帝觉得十分有趣,先后亲赐两幅"印心石屋"匾额。一幅较小,字高宽约六寸,前款为"道光乙未嘉平月",后书"御书赐之",两方印文为"道光宸翰"、"虚心实行"。另一幅长九尺多,字高各约一尺六寸,前款写"道光乙未腊月",后书"御书",引首章为"清虚静泰",落款印为"慎德堂御书宝"。

扬州大明寺内的"印心石屋"碑

苏州沧浪亭内的"印心石屋"碑

湖南安化小淹资江南崖的"印心石屋"

长沙岳麓山上的"印心石屋"碑

总统府内的"印心石屋"碑

三、感谢皇恩　刻碑自勉

　　陶澍认为两幅并赐是莫大的荣耀,特呈"印心石屋山水全图说",以示谢恩。道光十六年(1836),陶澍回乡省亲,在印心石北崖修建了21米高、共7层的文澜塔,将小幅"印心石屋"御匾临刻于塔内,并将大幅的"印心石屋"四字摹刻在陡峭的南岸山崖之上。现在塔、石、崖相对应,并以石为中心,景色壮观,成为小淹一景。

　　陶澍的少年时期紧密地与印心石屋联系在一起,他的诗集也取名为《印心石屋诗抄》。印心石屋不仅能唤起陶澍对少年时代的记忆和对家乡的思念,更能使陶澍不忘幼时的清贫和志向,不断地提醒自己要做一个"清正廉洁"的好官,下对得起平民百姓,上对得住皇恩浩荡。陶澍对印心石屋情有独钟,在他任职和所经的名山胜地,都喜欢勒石摩刻"印心石屋"碑,以诉思乡感恩之情,表勤政爱民之志。其后,人们也刻有"印心石屋"碑纪念陶澍。

陶澍还撰有"印心石屋山水全图"、"印心石屋南崖之图"、"印心石屋北崖之图"、"岳麓印心石屋图"、"沧浪亭印心石屋图"、"金山印心石屋图"、"焦山印心石屋图"、"金陵印心石屋图"、"清河印心石屋图"以及"蜀岗印心石屋图"。可见,"印心石屋"在陶澍的心中占有多么重要的位置。"印心石屋"成了陶澍百年之后,留世最多的遗迹。至今,小淹的石门潭南北两岸、长沙岳麓山、江西庐山、武汉龟山、镇江焦山、苏州沧浪亭、连云港花果山、扬州大明寺、无锡惠山等地均存有的"印心石屋"碑。

四、署内石碑　保存完好

总统府内的"印心石屋"碑最先置于南京龙蟠里的惜阴书院内,曾国藩重修督署时移置于园内。石碑长达3.5米,高1.13米,位于煦园花厅与桐音馆之间,与高低起伏的假山连为一体。假山只有一条长约百米的蜿蜒曲道相连,"通"与"不通"相辅相成,得阴阳、明暗、虚实之雅趣,令人在此感悟到"山重水复疑无路,柳暗花明又一村"的意境。石碑周围刻有游龙、寿纹等图案,中有"道光之宝"玺印。印心石屋的碑座和其上的题款、"御笔"及印章等,均有被凿损痕迹。当年陶澍立碑后书有五言诗一首:金陵枕石头,博山当其缺。遥对天印山,炉烟正复绝。

在煦园西南角的望亭,下层有砖壁一方,背面是二龙戏珠图案,正面嵌有"资江印心石屋山水全图"碑,全碑高48厘米、宽15厘米分,清楚、明确地标有山、水、房、塔的名称,说明文字达600余字,其中约400

望亭内砖壁"二龙戏珠"图案

字为谢恩奏折。全文如下：

印心石屋山水全图说

谨按，资水发源都梁，为《禹贡》荆州九江之一，凡过郡二，州县九，东会湘水，北会沅水，入洞庭湖，源流长一千八百里，从宝庆府城外纳邵水，西迤新化县转神山东北入安化境，以次收纳山溪之水数十条。《水经注》谓资水一名茱萸江，迸流山峡。臣所居资江滨之小淹，正在山峡稍东三里许。石壁对立两岸如重门，澄潭潆□，深十数丈。有石出于潭心，方正若印，名曰"印心石"，臣父曾结屋授书其上。兹荷御赐宝书大小二幅，宠及林泉，光生蓬荜，实臣下难逢之异数，谨绘全图以识荣遇焉。

两江总督臣陶澍跪奏为恭谢天恩事

本月初四日，军机大臣恭捧御书"印心石屋"四字匾额，传旨赐臣，谨即叩头祗领。天题宠锡，卿云增石墨之华；宸翰亲颁，霱采发山川之色。感深鼇戴，庆溢蜗庐。伏念臣楚省菲材，山乡下士，昨于召见之顷，仰蒙垂询家世，兼及里居，比经缕悉具对。臣家洞庭西南，资水之滨，两岸石壁屹立如门。潭心有石，方正若印，名曰"印心石"，幼随臣父结屋读书其上。门临活水，西寻溥博之源；石借他山，常凛琢磨之义。江流千八百里，别号茱萸；溪环五十三滩，近邻红蓼。迫涉蓬瀛而窥中秘，旋绾符绶而领兼圻，介切铭心，敢拟中流一柱；恩深系肘，欣瞻朗映千潭。每思若谷之渊怀，虚受有如投水；愧之回澜之厚力，实行无补擎天。迺承齐额之荣颁，特贲印心之嘉号。拜易简玉堂之贶，飞白腾芳；开文翁石室之图，汗青在望。从此摹悬素壁，用箴如水之臣心；还当镌泐贞珉，长焕辉山之御宝。所有微臣，感激容幸下忱，谨缮折恭谢天恩，伏乞皇上圣鉴。谨奏。

道光十五年十二月初五日，奉旨知道了，钦此。

11 煦园内的假山

煦园内的假山,分布较散,多为园中小品。

煦园门口的"鲤鱼跳龙门",常被导游们说成是跳了600多年还没跳过煦园龙门的鲤鱼,其实是上世纪初80年代初期修建的,与"东南区假山"隔墙相望,好像是落了单的孤石,在翘首企盼归队;太平湖石桥两边的几块高大假山,从中竟能找出福、寿、喜三字,独缺禄字,看来达官贵人在身居高位而知官场险恶之后,已不看重升官发财,倒是向往百姓生活中的福寿安康呢。另外,太平湖北还有些假山,起到了围湖遮挡的作用。

园内假山群主要有四处。第一处假山在煦园西南角,原有东、西两边呈"人"字形石阶可上望亭,下有石洞亦可绕行,而今改造为单边上行,其下空洞也稍扩大。此处假山与望亭连为一体,望亭原为瞭望警卫之用。

第二处假山在夕佳楼北侧,占地不大,高约3米,为中空山堆式,其下部空有一洞,可容数人。在西南有一入口,拾级而上可登至顶部,即可遥望太平湖对岸之忘飞阁、棕榈亭等。此处假山民国初年就有了。

第三处面积足有300多平方米,一进煦园,就可以看见这高低起伏的假山群,因为在煦园东南,我们就叫它"东南区假山"。其东端高处有一"六角亭",这就是太平天国时期英国人富礼赐(FOREST)在大院朝房所见的"美丽的亭子"。登亭远眺,品茗小叙,美景尽收眼底,亭的下层为一地室,掩于假山之中,正对煦园大门,还设有多个暗口,便于窥视和射击,这不由得让我们在轻松游玩的同时,能感受到天王宫殿内平和之中暗藏的紧张气氛。"东南区假山"平地布景,不以高大、繁琐、紧密取胜,而以简洁、玲珑、宽松见长。今入口在东部,转南而入亭之地室,出亭之地室向西则可见一崎曲透漏高耸之石山,过之便豁然开朗,径路由此而分为南、北二条。北片,以怪异湖石围成三径,北为高大石门出口,西北及西,沿一小径,亦有出口,而沿北径往南,则可由西口、西南口而出,如若转东,即可上峰亭、下假山,循径走北门,或由西北及西口而出。北片犹如四周由湖石围成的小庭院,错落有致,当年幼小的女贞、龙柏、朴树、槐树,现都已长成了参天大树。西南片则布有石桌、石凳,平添余趣,在此可小憩一坐,亦可由此沿湖边小径而近太平湖。东南区假山充分体现了太湖石之瘦、皱、漏、透、秀的特点,观察角度不同,各人眼势有别,湖石形态则各异,传言从湖石中可找出十二生肖,而我至今也未找全,但是那只立在北沿的石猪,倒确实一目了然,虽然少了尾巴,那也笑言是"资本主义的尾巴"让"文化大革命"割掉了。西北有一秀长立石,宛如观音拂袖遮面,与鸳鸯亭遥遥相对,那是观音看到鸳鸯亭中青年男女的亲昵之状而害羞呢。这处假山在太平天国时期就有了。

　　煦园假山垒于何时无从查考,有许多珍贵文物混杂于假山之中而得以保存,"纶音碑"碑额、"侍卫府胡衙界碑"等文物均是在假山中发现的。在史书中亦有关于假山的文字。据《天父下凡诏》记载:天王洪秀全之子在花园爬山玩水,女官责之,天王乃严杖女官,女官诉于东王杨秀清,东王作"天父下凡"状责洪秀全处理此事不当。当年洪秀全之子所爬之山,就是煦园内的假山。

　　不知是何原因,煦园内假山出入口多为南口和北口,用石及粘合物的色泽质地与风化成色也相近似。假山局部有过改造修复,但基本保持原貌。第四处假山"花厅前假山"就可以看出经三次堆垒而成的痕迹。

东南角假山上的六角亭实为二层

12 太平天国天朝宫殿有多大

　　1853年3月,太平军由武昌顺江而下,势如破竹,19日攻克了清王朝的东南重镇江宁(南京),并定都于此,更名为天京。洪秀全进城后,初驻跸藩司衙门(今瞻园),4月迁入修葺后的清廷两江总督衙署,并同时在周边大兴土木,以扩建成天王府,正式的称谓是"天朝宫殿"。

　　天朝宫殿的兴建,经历前后两期工程始竣。第一次刚建成就遇火灾,次年正月,天朝宫殿重新扩建,殿阙巍峨,壮丽无比。

　　天朝宫殿的建筑平面,呈一南北向的长方形,"周围十余里";四面数丈高的宫墙蜿蜒环绕,分内外两重,"外曰太阳城,内曰金龙城";宫墙之外,开凿一道宽深二丈的"御沟"(护城濠)。同北京的紫禁城相比,天朝宫殿"似乎不在彼之下耳"。据史料推断,天朝宫殿大致范围如下:东沿黄家塘至利济巷、西临碑亭巷一线、北到杨吴城濠(今珍珠河)、南抵科巷一带。面积远远超过两江总督署。

　　天朝宫殿内建筑格局亦有多处记载,矛盾之处有不少。现大致描述如下:

　　天朝宫殿南部有一巨大广场,最南端屹立着一列黄色大照壁,

天朝宫殿模型

宽逾九十丈,上边彩绘龙虎狮象图案,张挂着天王的若干诏旨。照壁以北,品字式的三座牌坊拔地而耸:正面一座,"全金立匾,上横书四大字曰'天堂路通'",是谓"天朝牌坊";左右两座,一书"天子万年",一书"太平一统",朱漆栋柱,遥相呼应。牌坊之侧,又竖着"文武下马牌",这是太平天国官员来到天王府前必须下马的地点。

在这个宫前大广场的中央,还建有数丈高的一座"天父台"。每年十二月初十洪秀全生日,他都要在此登台,"礼拜谢天"。届时,台上台下数十面大锣"齐鸣不已,声彻满城",气象煞是雄壮。台的四周,"皆用黄布围遮台脚",并支倚"天桥"(宽达丈余的扶梯)可上,平素亦不禁百姓登临,"惟登者必令下跪,以明敬天父之意也"。

步抵广场北尽头,跨过横卧于御沟之上的"五龙桥",便来到了天王府外城的头道大门"真神荣光门"前。因为它是天朝宫殿的第一门,故又名"天朝门"、"皇太门";又因为门首饰有一双栩栩如生的飞凤,也称之为"凤门"。这凤门前,昔日刀戟林立,侍卫森严,自不必说。那里,一字摆开了上百对大锣,天王上朝即"轰击三通,晓谕全国"。门外还"挂诸黄绸十余丈",绸上"朱笔大书,字径五尺,其文曰'大小众臣工,到此止行踪,有诏方准进,否则雪云中(砍

洪秀全在天朝宫殿前

头)。"

外城二道门的匾额上，则"金漆夺目"地题着"真神圣天门"。门的两侧有亭翼然，各以黄绿琉璃瓦覆顶，为"吹鼓亭"。

圣天门又是通贯天王府内城的头道门，所以它也叫"禁门"。踏进圣天门，再穿过修长的雨道和"忠义"牌坊，就到了天朝宫殿的核心所在——"金龙殿"，又称"荣光大殿"，位置是现在的总统府大堂。其后，依次是"基督殿"、"真神殿"等九进殿宇，第九进殿宇为三层大楼，"顶层绕以阑，阑内置长窗，屋上覆黄瓦，四角悬檐铃，登眺可及数十里"。洪秀全曾说天朝"自有九重天庭"，即是指的这一番殿宇衔叠、深重莫测的布局。

天朝宫殿的最后一部分是"后林苑"，它与内城的东花园、西花园，一起构成天王府的游乐区。这里奇花异草，台榭亭阁，既有"塘方十数亩"的水池，又有曲径通幽的园圃；有临风揽翠的石舫，更有"金鱼活泼，荇藻纵横"的"玻璃室"以及"天王销夏处"……苑内，还蓄养着虎、豹、孔雀、仙鹤之类。据载，有次"一虎逸出"，守苑的女兵们"用长刀群毙之"，洪秀全知悉后，下令将虎皮示众，"以夸女兵之勇"。

这项工程，是由"素性机巧"的两名广西工匠宾福寿和张维昆并肩担纲，规划督造；同时，从苏、徽、鄂一带招募了大批"匠作兄弟"，日夜赶工而成，许多材料是拆除明故宫而得。

太平天国揭竿伊始，每逢攻占"雄郡、省会"，均以现成的原清廷"官廨巨第为王府"，洪秀全、杨秀清等领袖人物，也都行止朴素，"不过红袍红风帽而已"。定都南京后，他们让眼前的胜利冲昏了头脑，开始骄奢逐侈起来。洪秀全甚至在一通诏旨中声言"一统江山图已到，胞们宽草(心)任逍遥"。他全然无视金陵城外的连天战火，带头在城里大兴土木，经营安乐窝。从此，太平天国"凡受王者无不建府，皆并数家大宅而造之"，一时间，天京城内的王府衙署竟有"鳞次栉比"之盛！这股"建府热"，折射出这个农民政权政治上的一种颓唐与腐败。天王府更是不断加以营建，直到天京沦陷，还未完全竣工，就被湘军一把大火烧毁了，这座只存在了十年的宏伟建筑，都没有详细的记载和描述。

2002年，根据考证，综合各方面史料研究后，在中轴线东部约

2000平方米的多幢晚清建筑中,复原了天王宝座、天王书房、机密室、又正月宫等场景。特别是"金龙殿"内的天王宝座,较为形象地再现了太平天国的当年辉煌。大殿上悬有对联:"天命诛妖杀尽群妖万里河山归化日;王赫斯怒勃然一怒六军介胄逞威风",意思是天王受天父之命,率领太平军讨伐清廷,杀尽清妖,使中华大地重见天日。

按照东王杨秀清的说法,这座"高广几等(北京)太和殿"的构筑,"乃我天王正殿"。天王宝座高高在上,其殿前,张悬着四盏硕大的红纱圆灯,系"元时宝物也";重重门户,"间有帘幕,皆黄缎蟠龙,杂缀零珠碎玉";殿心,赫然一把沉香椅,"大逾合抱,雕镂极细"。据说,屋里陈设的种种珍玩,"俱价值连城物",甚至有从圆明园流散的稀世之宝。天王宝座在解放前流落到四川刘文彩的深宅大院里。

复原的天王宝座

13　太平天国圣龙船

许多学者对天朝宫殿一些建筑的具体布局争论不休，但对于宫殿东南角有一专置圣龙舟的水池，且有一棚子以避风雨的观点则无异议。在民国初年天朝宫殿围墙遗址外侧的东南还有一水池遗迹。据英人富礼赐著《天京游记》记载："近王宫处有一破棚，内有一只怪船，其形像龙，头甚大，船身已半朽了，但昔时油漆铺金，想必极为辉煌。此即天王由汉阳溯江而下直至攻克南京时所乘之圣龙船也。从前船藏宫内，今则搬在外面，没有人理它。"

洪秀全自金田起义、永安建制后，由南向北所向披靡，一路过关夺城，日益壮大，但没有什么水军，直到1852年12月13日攻下益阳，数千只民船随船户投奔太平军，才有了一支水上力量，但规模不大且装备简陋。真正大规模开始发展水军，是"在临资口掳船三千余只"后，攻破"帆樯云集"的岳州府，"遂夺船只"，其后"窜入

圣龙船模型

长江,旬日间劫船五千余只,将小船改造大船,派黄生才、陈承瑢为伪水军总制"。可见,太平天国的水军是在破岳州城获得大量船只后建立起来的,此后才有了洪秀全"庄重威风"地坐在船上的记载。可以断定,洪秀全的圣龙船是在岳州(今岳阳)一带战斗中所得,后经改造而成。

圣龙船应是楼船,理由有三。第一,楼船是战船的一种,便于作战和指挥,船体周围用坚硬木材和皮革保护,每一层外面建有"女墙"并开有箭孔,既可防御又可向敌射击。楼船非单船作战,在军中必有其他战船与之配合作战;第二,作为王船,楼船最为合适,从外观上看较为气派,四周插遍战旗,显得雄伟壮观,还可以会客设宴。第三,古代帝王乘坐的龙舟多为楼船。

岳州、长沙一带湖泊众多,水网交织,船运发达,造船业历史悠久。为洪秀全改建所用的,应该是一只较大较好的船只,并且很可能是楼船,或是便于改造成楼船的大船。当时完全有条件在几个月内把一只普通大船改建为油漆铺金的圣龙船。据分析,圣龙船长约百米,楼有3层的可能性较大。

关于船上陈设布局,史料更少。有清人记载:"洪逆座船上,船首装一龙头,饰以金彩,柁间装一龙尾,偕称王船,遍插黄旗,两旁排列炮位十余尊,钲鼓各一,朱漆蟠龙棍大小各二……洪逆船上悬灯三十六盏,前后照耀数十里,火光不绝。"这船在战斗中必是旗舰地位,精雕细刻,装饰豪华,不但有一般船只所必需部件,更有发号施令的令旗和指挥战斗的钲鼓,两边的火炮威武气派。

这圣龙船应该没有参加过什么战斗。1853年2月9日,太平军撤离武汉,分水、陆两路东进,天王洪秀全及老幼妇女均乘舟中,水军"帆幔蔽江,衔尾数十里"。洪秀全乘的便是这圣龙船,一路攻克城池,战斗均很顺利。洪秀全进南京后,将这圣龙船先放在宫中,而后专门造一舟棚及水池,以供百姓观瞻,大概也可以借此炫耀一下昔日辉煌。虽有舟棚可避风雨,经过几年风吹日晒,圣龙舟也变得"半朽"了。洪秀全也许忙于他的东征北伐,或是平息内讧动荡而无暇顾及,当然就"没有人理它"了。圣龙船伴随着太平天国运动的兴起与衰败,到最后就和天王府一起"化作荒庄野鸽飞"了。

14 洪秀全王妃有多少

当初,英国人富礼赐曾"闻知宫内只许女子居住,且有逾千之数"。他入府觐见天王时,在圣天门口遇见一位"龙鞋鹤发"的老门官,自称"年已甚高,当天王尚在襁褓中为贫儿时,即看顾他",如今太平军坐了江山,洪秀全便把这个老乡亲安排到这儿专掌"内外关防",还委了他一顶"梦王"的头衔。"自圣天门以内,人莫能到。执役悉用女官,有女丞相,女指挥等名目。"这就是洪秀全的内宫了。洪秀全众多妻妾,大部分姓名至今无从查考。据载,洪秀全元配段氏死后,在广西又娶赖氏,并让她主管内宫。

洪秀全在金田起义时选美纳妃15人,一年后在广西永安围城中,"洪秀全耽于女色,有三十六个女人"。在攻克南京前17天,天王即从芜湖江面龙舟上突然颁发一道严分男女界限的诏令:"女理内事,外事非宜所闻"。并用四个"斩不赦"限制身边妇女与外界联

复原的娘娘宫内景

系。攻克南京入城后,跟随天王的妇女都纱巾蒙面,进入天王府即被禁锢,与外界完全隔绝。以洪秀全为首的领导集团满足于半壁江山到手,认为大局已定,要关门当天子了。洪秀全还征选了更多美女。而且,洪秀全还给他的后妃们规定了"起眼看主是逆天,不止半点罪万千"、"看主单准看到肩,最好道理看胸前,一个大胆看眼上,怠慢尔王怠慢天"等禁止女子抬头看他的稀奇古怪的清规戒律。

　　洪秀全不但妻妾越来越多,宫女也很多,到底有多少?有种说法总共1000余人;还有一说洪秀全妻妾有108人;另据《江南春梦笔记》中分类评列,王后娘娘下辖爱娘、嬉娘、妙女、姣女等16个名位共208人;24个王妃下辖姹女、元女等7个名位共960人,两类共计1168人;另有服役的女官,以二品掌率60人各辖女司20人,合计为1200人。各项人数加起来,总计有2300多名妇女在天王府陪侍天王。每逢洪秀全生日,还有专人送上美女6人。这些美女不止从南京选来,还从江苏其他占领区先选拔年轻美女到南京备作候选者,以致外国人到南京,都觉得南京美女多。据载,幼天王洪天贵福被俘后的供词中所提:我有88个母后,我9岁时父王就给了我4个妻子。一般以此断定洪秀全有王妃88人。

　　有些学者,极力说洪秀全生活如何严肃,如何"力戒奸淫"。还说其之所以有众多妻子,是"拜上帝教"所需。这甚是荒谬,不过是在为洪秀全找借口罢了。

　　洪秀全从41岁进南京城至51岁死亡,在美女丛中生活11年,从未走出天京城门一步,既不上马杀敌,也不过问朝政。这时他正值壮盛之年,并且体格健壮,但11年仅颁布过25篇诏书,而且1854年至1858年更是空白,5年竟然未发一诏。连曾国藩也感到奇怪:"洪逆深居简出,从无出令之事。"太平天国从兴起到衰亡,其速度之快和时间的短促,是历史上罕见的。这场狂飙式的运动,潮起潮落,从洪秀全对妇女解放到摧残可略见一斑。

15 洪宣娇其人其事

关于洪宣娇的记载多见于野史。据清光绪三十二年(1906)出版的《洪宣娇小传》:"洪宣娇者,军中称萧王娘,天王姊,西王萧朝贵妻也。年不满三十,艳绝一世,骁勇异常,从女兵数百名,善战,所向有功。萧王娘及女兵皆广西产,深奉秀全教,每战先拜天帝。淡妆出阵,挥双刀,锋凛凛落皓雪。乘绛马,鞍腰笼白氍毹,长身白皙,衣裙间青皓色。临风扬素腕,指挥女军,衫佩声杂沓,望之以为天人。女兵皆锦旗银盾。战酣,萧王娘解衣纵马,出入满清军。内服裹杏黄绸,刀术妙速,衣色隐幻,一军骇目。"

在太平天国人物中,洪宣娇的故事很多,她被描述为一个武艺高强的美貌女子。真实的洪宣娇是怎样之人呢?在太平天国的正史中,没有查到关于洪宣娇这个女中豪杰的任何记载。一说洪宣娇是洪秀全同父异母幼妹。另一说洪宣娇实为杨云娇则较为可信:洪宣娇原来姓黄,后来又改姓杨,名云娇。洪秀全为了笼络萧朝贵与她结拜为兄妹,叫她改名"洪先娇"。由于客家话中"先"与"宣"同音,所以洪先娇就成了洪宣娇。

根据现在可以看到的资料,洪宣娇在太平天国早期拥有很高的威信。这主要不仅在于她英勇善战,而且她还是所有的女教徒的首领。当时流传有"男学冯云山,女学杨云娇"的口号。

太平天国女兵

1852年，太平军一路攻城克池。12月，围攻长沙城时，西王萧朝贵死于战火中，新婚不久的洪宣娇转眼成了寡妇。

野史中的洪宣娇除了勇敢善战外，还"生性淫荡"，"善妒"，有不少情人：杨秀清、石达开、林凤祥等。这些记述可信度不高。

关于洪宣娇的归宿众说纷纭：有些野史认为她在天京之乱中被乱军杀死；洪秀全在杨秀清、韦昌辉死后，顺便搞掉这个能量很大的"御妹"也并非没有可能；还有一些野史则认为洪宣娇在清军攻陷天京时战死；一些更出格的野史甚至认为她在天京城破后化妆出逃，最后漂洋过海辗转到国外定居等等，这更有传奇色彩了。

红颜自古多薄命，洪宣娇在太平天国中无疑是个出众女子，特殊的地位、高强的武艺、漂亮的容貌，在男人堆里自然引人注目，更何况寡妇门前本来是非就多，容易引来流言飞语。洪宣娇多次妥当地协调处理了太平天国内部的矛盾。太平军由数百人的教会组织发展到声势浩大的太平天国，前后持续十五年，足迹踏遍大半个中国，不能不说是一个奇迹，创造这个奇迹除了靠足智多谋的天王洪秀全及手下一批得力的干将外，洪宣娇在其中也起到了举足轻重的作用，她的一举一动，和太平天国命运的沉浮有着密切的关系。

现在，人们喜欢把西花园夕佳楼说成是洪宣娇的绣楼，洪秀全让她在此专门看护二楼龙墙上的团龙呢！

夕佳楼

16 太平天国"团龙"之谜

在夕佳楼二楼平台上,可以看到完好精美的"五爪团龙砖雕",它是由9块青砖镂空雕刻施彩而成,色彩鲜亮,形态生动,直径1.5米,龙头凸出30厘米,导游们形象地把它比喻成整个煦园龙墙的龙头。因为这种雕刻极其细腻,要求极高。

洪秀全认为自己是受天父之命下凡界转世救度众生的,他只信天父上帝,不信其他邪神。特别是因为清廷自称为"龙子龙孙",而见到龙形饰物,都要用箭插在龙的双眼上。后来又怎么改变了呢?

洪秀全定都天京后,在自己四处有祥云游龙的天王府,与前来拜见的杨秀清等人讲述"自己上天见天父天兄"时的情景,说:"天父有金龙殿,故我亦造金龙殿。天父的龙是宝贝龙,朕的龙也是宝贝龙,天京城内都是宝贝龙,龙目自是不用插箭了。"众头领听罢,都争相回府造龙了。

清王朝对龙凤的使用有严格限制。而太平天国则"以龙凤之多寡分尊卑",并大量使用只有清朝皇帝才能用的"五爪龙"。太平天国的龙与清王朝的龙在细部还有些差异。

现在的"五爪团龙砖雕"是解放后重新刻制。此处原先也应有一个龙头,据说曾国藩为应其"癞龙转世",而没有毁坏;砖雕能够躲过"文革劫难",则是因为位置隐蔽。

团龙

17 太平天国"天京事变"迷雾重重

政教合一是太平天国重要的政治特征,也是导致太平天国内讧的重要原因,教权与政权的分离交叉,潜伏着权力分配与再分配的矛盾,终于导致"天京事变",即"杨韦事变"的发生。1856年9月1日深夜至次日凌晨,北王韦昌辉带兵包围东王府,杀害东王杨秀清及其家眷后,又剿杀东王部下两万余人。

"天京事变"的具体起因有两种说法。一说主要源于《李秀成自传》,"那时权柄皆在东王一人手上,不得不封,逼天王到东王府封其万岁"。1856年8月22日,杨秀清自称"天父附身下凡",召洪秀全到东王府"代天父传言",封杨为万岁。洪秀全假意承诺并约定9月23日杨之生日举行正式晋封大典,其后密诏韦昌辉等回天京救驾。此说较为流行。

另一说法来自《石达开自述》,认为杨秀清没有"逼封"之举,而是天王自愿的:"杨秀清性情高傲,韦昌辉屡受其辱。七年,韦昌辉请洪秀全诛杨秀清,洪秀全不许,转加杨秀清伪号,韦昌辉不服,便将杨秀清杀死。"韦昌辉率兵剿杀杨秀清及其部属,有没有按洪秀全"密诏"旨意行事?还是自行其是?这也有多种说法。有人认为,韦昌辉"奉旨"行事可能性较大。洪秀全对于杨秀清居功自傲早有厌烦之意,当到了不能忍受的地步,密谋武力解决在所难免。如果没有洪秀全的"密诏"和安排,韦昌辉是难以带领3000兵毫无阻碍地进京,并迅速包围东王府袭杀杨秀清的。

还有人认为,"天京事变"完全是韦昌辉欲取代杨秀清而发起的一场兵变。韦昌辉在江西连连失利后,为免遭惩处,率3000兵马入京向洪秀全求情,洪让韦到东王府听从杨秀清发落。韦昌辉断定杨不会轻饶自己,为避再次被杨羞辱,加上觊觎杨秀清权位已久,就先下手为强。密诏无人见过,其他人对洪秀全"密诏"只字未提,只有韦昌辉一人"以诏令将卒"。以他阴险狡诈的为人,伪造密诏不无可能。传"密诏"有三：一为上述的"诛杨"密诏；一为"惩罚韦昌辉"密诏，实为诱骗杨秀清部下前去观看，而围杀之；一为"悬赏捉拿石达开"密诏，则是逼石离京，韦昌辉以达到在天京一手遮天的目的。

"天京事变"后，韦昌辉大开杀戒，有数万太平军将士在这场劫难中丧生。石达开闻讯赶回，责怪韦杀人过多。韦竟暗召其党企图杀石，好在石达开对韦有防范，早已深夜离城而走。韦昌辉感到"石必仇我"，就包围翼王府，在杀害石达开母妻子女及亲兵数十人后，向天朝宫殿发起火攻。洪秀全率宫中女兵与之对垒，乔装翼王旗号追北王部队，并包围北王府，杀其妻小。韦昌辉被杀死，一说是在内桥栅口被军民发现后暴打惨死，一说为生擒后被肢解，首级被送至石达开军营。

"天京事变"直接导致太平天国运动由兴盛转为衰落。洪秀全没有能够全面分析总结这次变乱的根本原因，只是片面地吸取教训，封两个哥哥为王，挟制总理朝政的石达开，进而剥夺石的辅政之权。1857年6月2日，石达开离开天京，脱离洪秀全"远征"，最终于1863年在四川全军覆没。

"天京事变"中，韦昌辉肯定难辞其咎，但洪秀全、杨秀清、石达开，也都应该承担什么样的责任呢？重重迷雾有待拨开。

韦昌辉围攻东王府

18 忠王李秀成被俘后的疑问

太平天国早期的南、西、东、北、翼五王先后离天王洪秀全而去：两个死于战场，两个亡于内讧，一个出走。为了挽救危局，洪秀全不得不起用年轻将领。1858年8月，重设五军主帅，陈玉成、李秀成、李世贤、韦志俊、蒙得恩分别为前、后、左、右、中军主将。其中的忠王李秀成"晚节"问题多年来是人们争论的焦点。

"天京事变"后，清军江南、江北大营围夹，天京岌岌可危，李秀成受命于危难，与陈玉成两路出击，先后大破德兴阿、胜保、李续宾带领的清军部队，击溃江北、江南大营，扭转了太平天国的危局，局势得以稳定。后来，李秀成挥师苏常，开拓东南，建立苏福省，使天京有了东南屏障。1864年，清军重围天京，李秀成劝天王"让城别走"，保存力量，但洪秀全没有接受。7月23日，忠王李秀成在方山丁村被清军擒获，即押解南京，8月7日在南京被曾国藩处死。在此期间，李秀成写下了数以万言的《李秀成自述》。

忠王忠不忠的争论，主要来自这本《自述》。书中内容大致分为四个方面：一为太平天国历程和他本人历史；二为总结太平天国的经验教训，即"天朝十误"；三为向曾国藩提出的投降计划，即"招降十要"；四为抵抗外国入侵的建议，即"防鬼反为先"。李秀成在多年征战后，终

李秀成像

于有时间静下心来好好总结反思了。书中还有不少自己卑躬屈膝和对清军阿谀奉承之辞,表示"我愿将旧部两岸陆续收全投降,而酬高厚,以对大清皇上,以赎旧日之罪",对曾氏湘军更是歌功颂德。

但是另有一说,李秀成则是个有勇有谋的英雄,他在用兵时,也不是一味杀戮而是多设计谋,他向往的是一种"不战而屈人之兵"的境界。李秀成深知曾国藩与清廷之间的矛盾,劝其在手握重兵之时取而代之。由此联系到李秀成被俘后,曾国藩及其心腹幕僚们为什么不肯把李秀成献俘进京,不候圣旨即在南京将其杀害。

曾国藩出于多种目的,还多处删改了《李秀成自述》。近百年中,流传于世的各种版本《自述》竟有几十种之多,字数也各不一样。据载,曾国藩"收李秀成之供分作八九人缮写,共写 130 页,每页 216 字,装成一本,点句划段,并用红纸签分段落,封送军机处备查"。曾在送军机处的同时,令将《自述》在安徽安庆九如堂刊印,这就是曾刻安庆本,亦称九如堂本,该本共 27818 字。后来,曾国藩的曾孙在台湾世界书局将《李秀成自述原稿》影印本公布于世,全书 74 页 36100 字。

1964 年秋至 1965 年春夏间关于李秀成评价问题的大讨论,最终把他定性为叛徒,但这是当时政治背景下所为。现在,忠王尽忠的说法较为可信,更有专家认为,李秀成是在用苦肉缓兵计,才在自述里说了那些自污自辱的话和向曾国藩提出"招齐章程",但是计谋最终流产。

19 洪秀全的死亡之谜

关于洪秀全的死因和日期，有多种说法。

一种是因病而亡，依据主要来自《李秀成自述》和幼天王洪天贵福及干王洪仁玕的自述。1864年2月后，天京城被湘军重围，内无粮草、外无救兵，全城饿死者愈来愈多。为形势所迫，天王降旨"合城俱食甜露，可以养生"，并不顾群臣劝阻，带头在天朝宫殿内食用"甜露"充饥。所谓甜露，实乃是将多种草类混制成的草团。天王因久食此物而慢性中毒，加上天京城内医疗条件很差，天王还"不食药方，任病任好，不好亦不服药"，以致病入膏肓，卧床两旬后，于太平天国历甲子十四年四月十九日（1864年6月1日）病逝于宫中，享年51岁。曾国藩幕僚赵烈文也持此说，只对病故日期持不同，在日记中记有"据探传禀报，洪秀全已于四月二十八病死"。

另一说则是服毒自杀，材料来源于清廷记载：曾国藩在同治三年六月二十三日（1864年7月26日）奏折中说，洪秀全系本年五月间，在官兵猛攻时服毒身亡；同年七月七日奏折中又说，"有伪宫婢者，系道州黄姓女子，即手埋逆尸者也，臣亲加讯问，据供，洪秀全生前，经年不见臣僚，四月二十七日因官军

洪秀全画像

急攻,服毒身死,秘不发丧。而城里群贼,城外官兵,宣传已遍,十余日始行宣布"。曾国藩还修改《李秀成自述》,使之与后奏折相吻合。

有关洪秀全死亡原因,在20世纪60年代以前,大多数人认为,洪秀全是自杀身亡。后来"病死"说获得诸家认同,但解释仍有不同,所谓是病久不起乃服毒,或服毒后患病不起等说。《洪天贵福供词》说,洪秀全身体本是无病的。"父亲平日常食生冷,自到南京后以蜈蚣为美食,用油煎食","于今年四月初十日起病,四月十九日病死"。由发病至死亡周期10天,可见与服毒无关。由此可确证洪秀全于1864年6月1日病死。

洪秀全的尸体按拜上帝教教义,"不用棺木","遍身皆用绣龙黄袍包裹,虽裤脚亦系龙缎",埋藏在天朝宫殿荣光大殿下。49天后,即7月19日,湘军攻入天京;28日,曾国藩赶来南京后就布置寻找洪秀全"瘗尸处";30日,在宫女黄氏指引下,将洪秀全全尸掘出,天王"头秃无发,须尚全存,已间白矣,左股胯肉犹未脱";8月1日,曾国藩命人"戮尸,举烈火而焚之"。

湘军挖出洪秀全尸体

20 天朝宫殿宝藏何处寻

洪秀全建天朝宫殿时,是倾"全国"所有,掠各地宝物于宫内,其他许多王府也都藏金。据《淞沪随笔》记载:"城中四伪王府以及地窖,均已搜掘净尽。"李秀成是天国中"万古忠义"的忠王,家财尚有2000多万,可想而知其他2000多个"王兄王弟"财产有多少。百余年来,从来没有对天朝宫殿地下进行过彻底勘查。"金龙殿"下边到底有些什么?天朝宫殿地下有没有藏金?这还真是个谜。

1864年,湘军进入天京后,烧杀奸淫,肆意抢掠,洗掠全城三日,可称得上是捞尽了地上浮财,因"历年以来,中外皆传洪逆之富,金银如海,百货充盈",怀疑还有更多财宝窖藏在地下深处。

于是,曾国荃严审李秀成,曾国藩也派幕僚讯问李秀成,其中有一条问:"城中窖内金银能指出数处否?"李秀成就利用自述来对付曾国藩。他在自述里十分巧妙地作了委婉叙述,然后分别引出"国库无存艮银米"、"家内无存金艮银"的结论,搪塞了曾国藩。

天京城陷时,全城的口号是:"弗留半片烂布与妖(太平军对清兵的蔑称)享用!"但湘军官兵仍然相信当时盛传的天京"金银如海"之说,城陷之后,湘军到处掘金,就是曾国藩在给朝廷的奏报里也公然有"掘窖金"的话。其后南京民间还有太平天国窖金的传闻,如所传蒋驴子、王豆腐致富的故事。直到辛亥革命以后,还有军阀要掘太平天国窖金发财。种种迹象表明,天京城应有窖金。

太平天国在南京苦心经营十载,一直就有洪秀全窖藏金银财宝的传说。攻打南京城的湘军也确信这个说法,待到破城之日,湘军四处掘窖,曾国藩甚至还发布过"凡发掘贼馆窖金者,报官充公,违者治罪"的命令。湘军入城后,又有曾九得窖金的传说。曾九是指曾国藩之弟曾国荃(排行老九,故名),其部队最先进入天王府,相传曾挖得洪秀全的藏金而入私囊,最终为毁灭证据,一把大火烧了天朝宫殿。清人有笔记记载,洪秀全的窖金中有一个翡翠西瓜是圆明园中传出来的,上有一裂缝,黑斑如子,红质如瓤,朗润鲜明,皆是浑然天成。这件宝贝后来居然在曾国荃手中。

当年,太平天国为了应付残酷的军事斗争,所有公私财产都必须统一集中到"圣库"。"圣库"原设在"天朝宫殿"的西北部,后迁至水西门。人们生活的必需品由圣库统一配给,百姓若有藏金一两或银五两以上的都要问斩。这种制度使得太平天国的财富高度集中,为大规模藏金提供了可能。"圣库"制度在太平天国后期"天京事变"后已名存实亡。李秀成在临刑前的供状中说:"昔年虽有圣库之名,实系洪秀全之私藏,并非伪者之公币。王长兄(指洪秀全)、次兄(指杨秀清)且用穷刑峻法搜括各馆之银米。"这就说明天京事变后,太平天国政权由洪氏嫡系掌管,"圣库"财富已成洪秀全的"私藏"。而洪秀全进入天京后便脱离了群众,避居深宫。如果没有其亲许,任何人都不能进入天王府,对其他异姓诸王更是猜忌日深。天王府成为他唯一信赖和感到安全的地方,如果要窖藏的话,最有可能就在天朝宫殿地下。

天王玉玺

虽然没有天朝宫殿窖金记载,曾国藩也向同治帝奏报否认天王府窖金之事,上报朝廷说除了二方"伪玉玺"和一方"金印",别无所获。但在实际行动中,曾国藩却听凭湘军掠取浮财。另有记载:"宫保曾中堂(指曾国藩)之太夫人,于三月初由金陵回籍(湖南),护送船只,约二百数十号。"如此多人,是护送窖金,还是其他重要物品?

"纶音"碑

1954年10月,在煦园假山内发现了太平天国时期的"纶音"碑额(高56厘米、宽132厘米、厚38厘米),碑身已经散失,无从查找。煦园圆门的背面的"纶音"二字,是根据碑额上的字迹摹刻的。

纶音出自《礼记》:"王言如丝,其出如纶。"意思是说君王的声音像丝绸一样,君王的一言一行都会对国家造成巨大的影响,告诫君王尤其要谨言慎行!"纶音"后来就成了皇帝诏令的代名词。洪秀全自称是上帝的第二个儿子、耶稣的弟弟,在占据半壁江山之后,就以帝王的姿态发号施令了。

碑额中间竖刻"纶音"二字,左右对称刻有二龙,龙头向上,龙身沿两边至上沿缠绕,其间饰有祥云图案,两只龙爪上扣"纶音"。碑座上窄下宽,刻有龙尾,周边饰有团云。

清王朝对龙凤的使用有严格限制。而太平天国则"以龙凤之多寡分尊卑",并大量使用只有清朝皇帝才能用的"五爪龙"。太平天国的龙与清王朝的龙在细部还有些差异。据《天父圣旨》记载,太平天国甲寅四年正月二十七日(1853年3月2日)天父下凡传旨:"以后天朝所画之龙须要五爪,四爪便是妖蛇",而"纶音"碑上的龙却是四爪。"纶音"碑是天朝遗物虽早已定论,但此疑问悬而未决。

复制的纶音碑额碑座

22 "侍卫府胡衙界石"碑

在"洪秀全与天朝宫殿文物陈列"展区中,有一块表面凹凸不平、布满麻斑的小石碑,这就是"侍卫府胡衙"界碑。

1976年7月,在总统府煦园假山中发现了一块石碑,此碑是用深褐色花岗石制成。碑高60厘米,宽37厘米。碑面粗糙,正面上端横排阴刻"侍卫府"三个字,中间竖列阴刻"胡衙界石"四字,字体均为楷书,碑后无字。

太平天国的"侍卫"自有特色,侍卫分"月将侍卫"、"节气侍卫"两类,合计72人,位于将军之下,为朝中杂职官,"朝夕执事于伪朝门,专供洪逆役使"。曾水源、陈承瑢、蒙得恩、林凤祥等人均担任过御林侍卫。建都天京后,兴建天朝宫殿为侍卫的重要任务。张维崐是"侍卫中最尊者,得役使众侍卫",带领各匠兴工盖造天朝宫殿。据《金陵杂记》:"侍卫之职,计有六七十人,皆居洪逆巢前后,将西辕门李姓住宅,悉改为伪侍卫等伪府,相与距住。"另据《金陵纪事诗》:"其掌采办者,名伸后侍卫,另立馆。"

太平天国的建筑等级是有规定的,各府第上的门匾也不相同。据《贼情汇

"侍卫府胡衙界石"碑

纂》之《伪宫室》记载,一等王爵邸称"天府"并可尊称为"殿",次等可称为"王府",但因属列爵,不能尊称为"殿",侯以下称"衙"。

至于"侍卫胡"何许人,据考证,天朝总巡查殿右二检点胡隆海为了便于"各巡查皆日至其所听令",其居住地为天朝宫殿西南面江宁织造署附近,后另立府衙,并立石碑。天京失陷后,侍卫府也连同天朝宫殿一起被毁,界碑沦落,被当作乱石用水泥与太湖石黏合一起,垒砌在煦园假山之中,界碑因此得以幸存。"侍卫府胡衙界石"碑被定为二级文物,藏于太平天国历史博物馆。2000年,我馆为了丰富展品内容,复制石碑展出。

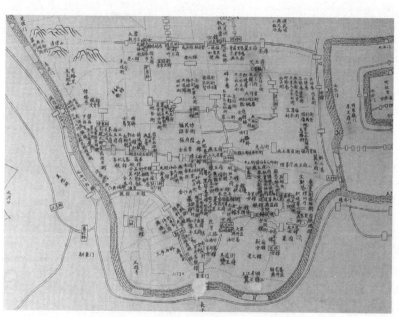

太平天国天京诸王府、馆、衙分布图(局部)

23 "勋高柱石"碑

　　"勋高柱石"碑是1989年在长江路292号大院东面的"署东高楼"遗址附近被发现的，因为当时发现地为机关宿舍，而先移置于煦园的西北角。2002年博物馆扩建后，又移置原发掘处并建碑亭，现除碑额上方缺角外，其他部分保存完好。石碑高3米，宽1.1米，右上刻小字"同治九年十月"，碑上刻有曾国藩的头衔，多达19字："太子太保武英殿大学士两江总督一等毅勇侯"。

　　据《曾国藩事略》载，同治九年（1870）十月十一日是曾国藩60寿辰，九月间，慈禧太后下旨，由军机处咨交御书"勋高柱石"匾额一面，"福""寿"字各一方及其他物品，意在表彰曾国藩镇压太平军和捻军，"督办军务，迭著勋劳，厥功最多"。当时曾国藩与李鸿章正在天津处理教案，"具疏谢恩，并恳请陛见"，后由津入都，在"养心殿之东间，叩谒慈禧太后、同治帝面谢天恩"。闰十月二十二日

"勋高柱石"碑亭

23 "勋高柱石"碑

返抵金陵,再任两江总督,并将"勋高柱石"匾额用整块青石募刻成碑,立于署内。碑成后一年半,曾国藩病故于署内,终年62岁。曾国藩因率领湘军镇压太平军,地位显赫,督两江,领四省,由他推荐而受提拔的不在少数,一时出现了天下提镇无不出于曾帅的传言。1865年,曾国藩收到清廷寄来授予"一等侯"并加"毅勇"二字的嘉奖令,却不以为喜而内心不安。据说,以前洪秀全天京称王时,咸丰帝曾说过谁攻下金陵就封谁为郡王。但曾国藩攻克金陵后,慈禧却发话说:"给曾国藩封郡王似乎太骤,文官向来没有封王的先例。"曾国藩自知满、汉有别,又怕自己有威高震主之嫌,岂能无忧?

勋高柱石碑

后来,做过曾国藩幕僚的左宗棠督陕甘建功西域、平定新疆后,清廷拟封左宗棠一等公爵。慈禧太后认为从前曾国藩克复金陵,仅获封侯。左宗棠是曾国藩所推荐的,而左宗棠在新疆建功立业所依靠的将领和湘军,又是曾国藩所派遣的,假如左宗棠封了公爵,那么朝廷对曾国藩就太薄了。于是封左宗棠一等恪靖伯晋二等侯,以示稍亚于曾国藩。

24 曾国藩的心病

曾国藩是中国近代史上的重要人物,1872年死于两江总督署内,终年62岁。一般认为,曾国藩是因病寿终正寝,但是,进一步分析他所处的环境和经历,不难发现,曾国藩的死因应是抑郁焦虑、积劳成疾。这焦虑,有"手握重兵"时来自朝廷的猜疑,更有"天津教案"后来自民众的责骂,这些心病导致曾国藩的生理疾病加重,最终"因病而亡"。

一、天降大任　文儒战沙场

曾国藩,1811年出生于湘乡荷叶镇的一个地主家庭。28岁中进士。无论是居湘求学,还是在京做官,曾国藩都结交了一批有识之士作为良师益友,这不但使他的理学修养更加深厚,也为他后来的审时度势、创办湘军做好了人才准备。

曾国藩像

曾国藩生处清朝乱世。太平军的势如破竹、锐不可当,使得咸丰皇帝心惊胆战。清廷正规军队难以应付内忧外患,绿营军一败涂地、溃不成军。由地方组织团练对付太平军,实属无奈之举。曾国藩乃一介文官,组建湘军。文人为帅,湘军便有了许多特点。一是重视政治教育,曾国藩常常亲自训话,申明军纪并讲述为人之道。二是曾国藩只管选将,不管招兵,要求各自对上级负责,全军只听命于曾国藩一人,将"兵为国有"变成了"兵为将有"。如此看来,湘军实际上就是曾国藩的私属部队,曾国藩就成了能独立调兵遣将的地方军阀。

曾国藩年少时,受到陶澍、贺长龄等提倡的经世致用之风影响,集理学经学于一身,"正心诚意修身齐家治国平天下"的思想,贯穿着他的一生,也给他带来了种种压力。

曾国藩领兵之初,因为指挥不当,导致湘军几次惨败,羞恨交加,几次欲投水自尽,幸好都被部下救起。这些非同寻常的煎熬,锻炼了曾国藩的坚毅性格和顽强精神,并最终在这场波澜起伏的战争中取得胜利。

艰苦卓绝的戎马生涯,给曾国藩留下了不少疾病。曾国藩患有严重的疮癣,每晚睡觉,身上奇痒无比,需有侍妾抓挠方可入睡。曾国藩发妻正是出于此因,才支持曾国藩纳妾,但这些侍妾要么是服侍不周全,要么是因病早逝。虽然曾国藩十分注重"心神交养,起居有常"、"君逸臣劳"等养身之道,但是白天战事犹酣,晚上奇痒难寐,真是苦不堪言。饱受疮癣折磨的曾国藩,因此也落下了高血压等心脑血管病根。然而,真正使曾国藩难以入睡的倒不是身上的奇痒,倒是朝廷对自己的不断猜疑和防备。

曾国藩出生地湖南荷叶镇富厚堂

富厚堂内的"勋高柱石"匾额

二、兵多将广　清廷起猜疑

湘军的势力伴随着军事上的胜利不断壮大,一时有"无湘不成军"的说法。清廷在依仗英勇善战的湘军的同时,对这支汉人部队也充满警惕和疑忌,在湘军组建后的五六年间,曾国藩只顶着一个"兵部侍郎"的虚衔带兵打仗。湘军克复武汉,便有人向咸丰皇帝进言:"去了一个洪秀全,来了一个曾国藩。"因此清廷任命曾国藩为湖北巡抚时,曾国藩的辞呈尚未寄出,清廷便已收回成命,另易他人。这不但使曾国藩很是难堪,也使湘军将领愤慨无比,大有造反之势。曾国藩后来还是稳住了阵脚,"打脱牙,和血吞之"成了他忍辱负重、委曲求全的代名词。

而在湘军攻占太平天国都城天京之后,清廷还对曾国藩擅杀李秀成之事很是不满。

按清廷惯例,拿获农民起义首领后,都是押往北京献获,此前的洪大全、林凤祥均是如此。俘获忠王李秀成更是件大事,清廷得知奏报后,立即下令将李秀成押解来京。但曾国藩却怕李秀成将他历年误报的战绩,和湘军抢掠天国宝藏并放火灭迹之事告知朝廷,以李秀成"甚狡,不宜使入都"为由,将李秀成处死,并谎报清廷,谕旨误投安庆,待转到金陵,李秀成已经处死。然后,曾国藩将李秀成供词原稿自己保留,而将对自己不利的词语大加删改,并撕掉最后部分的誊稿上报朝廷。朝廷无可奈何,只得追认了判决。

清廷对于"手持重兵"的曾国藩占据江南,当然是心有余悸。朝野大臣们对曾国藩的忌妒之情很是炽烈,甚至有人上奏弹劾曾国藩。这些都令曾国藩惊惧之极,伤心至极。

虽然清廷仍有不满,但是因为太平军余部尚存,加上捻军活动猖獗,而重兵在握的曾国藩毕竟镇压了席卷半壁江山的太平天国,立下大功,以后还用得着。于是论功行赏,曾国藩加太子太保衔,赐封世袭一等侯爵,并加"毅勇"二字,赏戴双眼花翎,其他湘军将领100余人也均获封赏。

三、急流勇退　曲终人渐散

以显赫侯爵地位和两江总督要职坐镇南京的曾国藩,并没有春风得意、功成名就的感觉,而是不以为喜,反以为忧,内心不安。不少幕僚建议立王称帝,曾国藩却用"倚天照海花无数,流水高山心自知"十四个字,将这些言论消弭于无形之中。

多年所受的理学教育,使曾国藩绝无一点非分之想。曾国藩在可以黄袍加身、代清自立之时,却选择了急流勇退,避祸自保。他自裁湘军,将12万人的部队逐步裁减至一支"老营"。第一功臣曾国荃,也一度称病辞官,引退故里,其25000余人的精锐部队全部遣散。

此时,以"禹墨为体、庄老为用"为信条的曾国藩,也在考虑自己的后路了,这八个字看似无为而治,消极保守,实乃埋头苦干,讲求实力。于是,在湘军成为"强弩之末"的同时,曾国藩却竭力保留和发展源自湘军的李鸿章淮军。

曾国藩先后曾有幕僚400余人,能够战胜太平军,在形势复杂的官场立足,与这些幕僚们的出谋划策有很大关系。曾国藩在朝廷需要用人之时,也极力推荐他们,一时出现了"天下提镇无不出于曾帅"的传言。但到后来,湘军已由临时招募的乡勇发展为无异于正规军的部队,来源已不只是湖南一处,淮军就是湘军中分出的一支。树大生枝,湘军将领中后来也有不听曾国藩调遣的。曾国藩的实力不断分化,这当然是清廷愿意看到的。这也是许多幕僚出幕后,敢于和曾国藩叫板,还能青云直上,与之分庭抗礼的原因。许多幕僚与曾国藩争执并产生矛盾,有的甚至绝交,这使习惯于"令出一人"的曾国藩大为不快。

左宗棠是曾国藩湖南同乡,自幼聪慧,喜以诸葛亮自居,可三次考进士均落第。左宗棠是曾国藩"须臾不可或缺"的得力将领,有"湘中第一幕僚"之称。曾、左二人配合默契,相得益彰。但左宗棠嫉恶如仇、恃才傲物的性格常令人不快。曾国藩也说左宗棠措辞过峻,不无令人难堪之处。两人文学水平相当,好以文字相谑,但在大敌当前之时,二人裂痕都可以包容。而在攻克天京之后,对于太平天国幼主是否已死的问题,两人向朝廷打起了笔墨官司,后来关系发展到"怨卒不解,遂彼此绝音问"的地步。

曾国藩的另一幕僚沈葆桢,为"江西漕折、厘金及九江关税",与老幕主也是针锋相对到了不可开交的地步,后由慈禧定夺,江西

沈葆桢像

厘金由曾、沈平分。这次争斗以沈葆桢的胜利告终,搞得曾国藩大为难堪,两人多年后无书信来往。沈葆桢则落了个"以怨报德、敢叛师门"之名,后与左宗棠成了莫逆之交,自立宗派。

幕僚们的陆续出幕,既是如曾国藩所愿,也非完全如其所愿。好在这些矛盾都是为了国事兵事,而非私人恩怨。江南局势稳定不久,曾国藩就奉旨北上"剿捻",李鸿章署理两江总督,苦战一年多,不见功效。曾国藩面对清廷的不满和御使的弹劾,乘时引退,为李鸿章开路。清廷顺水推舟,将两人职务对调,至此,标志着"曾国藩时代"的结束,"李鸿章时代"的开始。李鸿章的功业与曾国藩是分不开的,但在"天津教案"中,曾国藩最需要他帮助之时,李鸿章却令恩师大失所望。

四、天津教案　替罪得骂名

同治九年(1870)6月,天津的法国教堂育婴堂接连死亡婴孩三四十个,同时附近又不断发生幼孩被拐事件,拐犯供称"系天主堂主使"。一桩必然发生的偶然事件,触怒了民不聊生、怨声载道的天津百姓。他们将法领事殴毙,随后放火烧了法领事署、教堂、育婴堂,死伤法传教士、修女、教民数十人,又误杀俄商三人,殃及英美讲堂各一所。百姓的满腔愤怒随着烈火弥漫天际,愈演愈烈。法英俄等驻华公使联合抗议,并以军事威胁,清廷朝野震惊,派曾国藩往天津查办。事涉教堂,势难穷追到底;而民情汹汹,又势难置之不问。如何解决与洋人的冲突实属难事。

已是汉臣之首的曾国藩,当时右眼已经失明,因患眩晕请假调理,但因职责所在,无法推卸,只好写下遗嘱,带病应命。清政府软弱无能,忍辱退让,一味偏袒洋人,加重对中国"凶犯"的惩罚,以迎合洋人。曾国藩因"弹压士民,以慰各国之意",引起民众强烈不满,

"自京师及各省皆斥为谬论"。

好在清廷对曾国藩的处理结果还算满意,但出于舆论压力,决定将曾国藩作为替罪羊调离,南下任两江总督,调李鸿章任直隶总督。

李鸿章是曾国藩的"门生长","才大心细,劲气内敛"。此时的曾国藩已经不堪负重,十分希望这位亲手培养的接班人,尽快来收拾残局。但是,政治上日益老成的李鸿章却致函曾国藩表示,要等结案后才能接任,以免"初政即犯众怒"。曾国藩不得已,上奏结案,将"卖国贼"的骂名完全扣到了自己头上。

李鸿章像

天津成了曾国藩人生的滑铁卢。虽然曾国藩总督直隶时,整顿吏治,清理讼案,赈济灾荒,治理永定河,一度出现"百废俱举"的局面。而此时,在全国民众一片声讨中,"卖国贼"、"汉奸"之名代替了以前的"钟鼎世勋"、"旷代功臣",京师湖南同乡将会馆所悬的曾国藩匾额砸毁在地,"积年清望几乎扫地以尽"。曾国藩因此案为"时论所弃",慈禧说曾国藩"文武全才惜不能办教案"。

"天津教案"后,曾国藩名声一落千丈,而李鸿章则成为了第一重臣。曾国藩渐渐地"老朽",对于"汉奸"、"卖国贼"这样的骂名,诚惶诚恐,难以承受,心事重重,"内疚神明,外惭清议"地惶惶度日,病弱的躯体每况愈下。

五、在官建衙　寿终督署中

苦苦支撑着末路王朝的曾国藩,身心疲惫来到他熟悉的两江之地,第三次出任总督,他不愿住在前任马新贻被刺的不祥之地——江宁府衙,而借居江宁盐巡道署。后想到原两江总督署上的天朝宫殿被烧毁依然荒芜,于是就决定重修督署了。

饱经磨难的曾国藩,移情于山水园林之中,所有建筑的风水、格局、式样,都有他的主张。曾国藩还多次亲临现场察看督署修复情况,许多砖瓦"就地取材",是天朝宫殿遗物的"废物利用",但有些构件是万万用不得的,以防有"僭越"之嫌。

1871年11月22日,督署尚未最后竣工,曾国藩就搬了进去,"是日咳嗽,不甚成寐",曾国藩既兴奋,又劳累,对建成后的督署十分满意,这一段时间是曾国藩过得较惬意的时光。曾国藩右眼失明已有两年,左眼模糊,许多人劝说要静养,都因为公务繁忙而未能倦怠,身体有时不适,也不喜欢吃药,"视生死之际,弥绝怡然无累"。曾国藩批文、写字、看书、笔耕之余,或在署内登高望远,或下几盘围棋,不觉有功名利禄随风去、自留清名在世间的超脱之感,回首往事,峥嵘岁月,苍黄悲恸。

可是,好景不长。次年正月二十三日,曾国藩受风寒而动肝气,右腿麻木,调养多日才见好转。曾国藩自感时日不多,在会友办公之余写好了遗嘱。他死亡的前一天,在日记中写到:早饭后清理文件,下了两局围棋……到了傍晚久久不能入睡,吃了点心后,还看了《理学宗传》中《张子》一卷,直到四点钟才睡觉。

1872年3月12日(同治十一年二月初四),曾国藩饭后吃了些橙子,到督署花园散步,也许是兴致颇高,还想到尚未完工的夕佳楼看看,但逛了一圈后,突然感到脚有点麻木,渐渐不能行走,还不断地抽搐,侍从把他扶至花厅内。面对周围聚集的家人,曾国藩不能说话,坐在椅子上,过了一会儿便溘然逝去。据考证,曾国藩死于脑溢血。

正如曾国藩生前所说,与许多人的矛盾都不是个人恩怨,而是因为国家公事,许多与之有过节之人,在他死后,对他都给予了高度评价。左宗棠送来了挽联:"知人之明,谋国之忠,自愧不如元辅;同心若金,攻错若石,相期无负平生。"

曾国藩的影响远不止此,他是中国近代历史的开创性人物,得到了很高的历史评价。中国现代史上最著名的两位政治家毛泽东与蒋介石,都对他极为推崇。毛泽东曾说过:"吾于近人,独服曾文正。"蒋介石则干脆用曾国藩的《爱民歌》来训导黄埔军校的学生,并且在抗战期间还多次电令要"就地驻军保护先贤曾文正公故宅",其案头还常放有《曾文正公全集》,经常翻阅。

25 曾国藩重修督署

曾国藩先后三次督两江,共达 12 年之久。前两任因天朝宫殿被毁而入住升州路西段的英王府。其后马新贻任两江总督,以江宁府衙署为督署,并在此遇刺而亡。1870 年,因"天津教案"而背负"卖国"骂名的曾国藩第三次出任两江总督,不愿住在马新贻被刺的不祥之地,而借居江宁盐巡道署。"移情于山水园林建筑"的曾国藩,在天朝宫殿一堆布满瓦砾和焦炭的废墟上重建两江总督署,真可谓是煞费苦心,所有建筑的格局、式样,甚至风水,都有他的主张和意见。1871 年春,督署建好后,曾国藩十分满意,但入住后不久,于 1872 年逝于署中,为"在官不建衙"的迷信说法再添佐证。

"在官不建衙"意思是为官者在自己的任上是不宜新建衙署的。洪秀全定都天京后,兴建天朝宫殿,结果死在宫中;后来的林森,在自己的任上修建了国民政府办公楼(因林森字子超,又称为"子超楼"),结果客死他乡。

两江督署模型

其实，清代"在官不建衙"的原因有四：一是因为官员们认为后人不能随意改动前人的"相地"，破坏风水；二是官员要树立节俭形象；三是地方官员一般任期短、流动性大；四是地方财政没有这项支出，修衙往往是官员自掏腰包。

曾国藩重修督署，沿袭了以前督署的布局，也奠定了今天总统府的基本格局。新督署内的房屋楼阁共有1189间，"极宏壮矣"。现在的大堂、二堂、厢房、马厩及西花园主要建筑都有当年痕迹，太平湖也是那时凿成。

太平湖是西花园的中心，原是一条通向杨吴城濠的小溪，后经不断开凿扩大，直到成为曾国藩因地而凿成的瓶形。东榭西楼、北阁南舫等建筑不完全对称地围湖而建，与湖光山色融为一体，妙不可言。

鸳鸯亭立于假山绿树之中，双亭合抱，两顶并峙，互偎相依，被戏言为男女平等、爱情永久的象征。

飞檐翘角的桐音馆掩于数棵青桐之中，每逢秋风瑟瑟、风雨飘飘之时，发出风击雨打桐叶的声音，就像丝竹演奏音乐一样，古朴典雅，意境悠长。

忘飞阁又名水榭，建在太平湖东驳岸，三面临水。相传有飞鸟栖息屋顶，自怜水中倒影，而忘归巢。飞檐上的一对"鹊上枝头"造型，再现了这一美好传说。

夕佳楼与水榭隔湖而望，每当夕阳西下，晚霞余辉光洒满楼，不管是依偎楼边美人靠，还是透过二楼花窗，都是观赏园中美景的绝佳之地。

双顶并峙的鸳鸯亭

青桐树环绕的桐音馆

濒水而建的忘飞阁　　　　　　独立湖中的漪澜阁

　　漪澜阁建于太平湖中央,左右只有石桥与岸相连。如此"独立江湖",怪不得当年太平天国机密房选址于此。

　　西花园建筑充满着浓郁的民族气息,青砖小瓦马头墙,回廊挂落花格窗,勾勒出一幅极美的江南园林画卷。细微之处更见古代建筑的精巧,南北风格的彩绘艺术扬长避短、各显神通。

　　许多建筑顶上的瓶形和葫芦形,不只是装饰物,实为避火的风水祥物。据说,这些"葫芦瓶"中往往会放个避邪的宝物。

　　漪澜阁、忘飞阁及中轴线主体建筑屋顶两端的怪异物名曰螭吻,又名大吻,传说是龙的九子之一,形状像四脚蛇剪去了尾巴,龙首吞脊,登在屋顶最高处,张开大嘴咬住屋脊,眺望远方,不仅有美观装饰作用,而且还能起到加固作用。螭吻造型在广泛运用的同时,也产生许多变化。总统府内的螭吻造型各有不同,漪澜阁的造型最为独特,趣味盎然。

26 曾国藩的谥号"文正"

曾国藩像

古代卿大夫、高官大臣等死后,朝廷往往根据他们的生平行为给予一种称号以褒贬善恶,称为谥或谥号,对其一生进行概括评价。中国对于"谥号"极其重视,大臣的谥典,例由礼部奏准后,行知内阁撰拟。得谥文者,拟八字,由大学士选四字,不得谥文者,拟十六字,由大学士选八字,恭请钦定。清朝礼制尤重"文"、"正"二字,唯有翰林出身或官至大学士者,方得谥"文",而"正"字尤为难得;"文正"二字联璧,更是无特恩不得用,最为荣耀。清朝自天命建号,至宣统退位,296年间,得谥"文正"二字者不过汤斌(后追谥)、刘统勋、朱珪、曹振镛、杜受田、曾国藩、李鸿藻、孙家鼐八人而已,是乃国重明器,彰显名臣风范。

27　天朝宫殿遗物有多少

　　1864年7月底，曾国荃下令烧毁天朝宫殿，一来可掩盖湘军的疯狂抢掠，二来可灭杀太平天国气焰。据说大火烧了三天三夜。大火焚烧后的天朝宫殿又怎么样了呢？真是"十年壮丽天王府，化作荒庄野鸽飞"了吗？

　　清人周壳慎自撰年谱记有劫后所见的天王府："大门前二吹鼓亭犹存，大堂如故，两檐柱朱漆彩画，中楹上悬直匾，嵌金字曰荣光大殿，大堂后穿廊如故……二堂以后屋全焚。验其残墙，似分左右二区。每区大楼五层……楼前各有石船二，长约八九丈，石船上有木房，已毁。后园有小石山，山有洞。"另外，据赵烈文《能静居日记》、毛祥麟《对山书屋墨余录》、官文《荡平发逆附记》、吴绍箕《四梦汇谈》中关于天王府的记载表明，金龙殿大殿、暖阁、穿堂及左右

湘军攻入天京

附属建筑和东西花园等都没有完全烧掉,并且有些犹然存在。

那么140年后,经过多次大规模改造,加上风雨的侵蚀,至今天朝宫殿遗物还有多少呢?除前面文章所述的"不系舟"石舫、假山外,还有"纶音"碑额、"侍卫府胡衙界碑"及一些抱鼓石、石基等石质、瓦质的建筑材料。

现在中轴线东侧穿堂、太平天国展区的西北角围墙外侧门额上,有篆书砖匾"旭爽"二字,字迹模糊并有破坏痕迹,这很可能就是天王府遗物。中轴线东面的"太平天国历史文物陈列"庭院里还有一个天朝宫殿柱础。

太平天国盛行用壁画、彩画装饰府邸官衙。大朝宫殿亦是"满壁绘画","门扇以黄缎裱糊,绘双龙双凤,金瓯兽环,五色缤纷,侈丽无匹";"庭柱用朱漆蟠龙,鸱吻用鎏金,门窗用绸缎裱糊,墙壁用

太平天国石刻

泥金彩画,取大理石屏铺地"。而其"梁栋俱涂赤金,纹以龙凤,光耀射目,四壁彩画龙虎狮象","禽鸟花草,设色极工"。1991年,在总统府东北的竺桥曾发现天朝宫殿所属侍卫府的壁画珍品"棕石鸡乐图"、"秋日雁鹿图"、"湖山泛舟图"、"竹石玉兔图"、"松鹤桃寿图"、"喜临夸苑图",现已整体移至堂子街太平天国壁画艺术馆保存。

由于解放后对太平天国的充分肯定,在西花园的维修改建中,大量地运用太平天国特色图案装饰,如南方海鱼、喜鹊、犀牛、猴鹿、瓶鼎、"王"头狮、龙、豸、虎、龙凤滴水等,足以乱真。

真正劫后余生的是西花园的几棵老树。东北部有两棵200多年树龄的女贞,始栽于清朝初年,现在树上有不少大大小小的树洞。女贞生命力强,成活率高,四季常绿。有棵长在太平湖边的银杏树也近200年了,至今长势良好。与一般古银杏枝如蜷屈的老态龙钟形象不同,这棵银杏迎风玉立,飘逸洒脱,如同小伙子一般强壮,笔直的树干直冲云天,枝繁叶茂,郁郁葱葱,姿态高耸,冠如巨伞。根据树龄推断,这三棵老树均经历过湘军那把一连烧了几日的大火。

劫后余生的银杏树

28 总统府内的棕榈树和竹子

　　总统府内的竹子和棕榈树比较多,而棕榈树在一般的江南园林中是不会如此之多的。这有什么原由呢?

　　1853年,太平天国军队占领南京后,洪秀全改建两江总督署为天王宫殿。宫内有大面积园林。因为洪秀全来自广东,他命人在花园内栽植许多棕榈树,以解思乡之情。在太平湖旁,还建有一个双层的棕榈亭,就像叠加的斗笠,尽显南粤风情。据说,当年金田起义就是洪秀全等人在当地的一个棕榈亭下议定的。洪秀全常在亭中小坐,有时也在此起诏降旨。现在的棕榈亭为后人复建。

　　1864年,湘军攻入天朝宫殿,曾国藩将双层顶盖的棕榈亭"砍去"一层,以发泄对太平天国的仇愤。后来三任两江总督的曾国藩因为是湖南人,为解思乡之情,在署内就多种湘竹。曾国藩对湘竹情有独钟。传说舜王南巡,客死苍梧,舜王的两位妃子娥皇、女英兀自不信夫婿会离她们而去,还是心怀热望,南下寻夫,寻不着,便投湘水自尽。她们因痛失夫君而泪洒湘竹,使竹子留下血泪斑痕。曾国藩认为湘竹不仅象征了中国女性的多情与坚贞,还有一种

棕榈亭

知其不可为而为之的血性,"是以死报答知遇之恩的血性,是对目标的追求至死不渝的血性"。外表婀娜多姿、纤细懦弱的竹子,在曾国藩眼里竟是惊天地、泣鬼神的刚强"血性"化身。但是曾国藩没有看到新种的湘竹成长,就死在新修的督署中。

大院内的棕榈早已不是洪秀全留下的了,它们三三两两地分布在各个区域,长势不错;竹子当然也不全是曾国藩留下的了,品种也比以前增添了不少,有孝顺竹、淡竹、黄皮刚竹、黄金间碧玉竹、阔叶箬竹、紫竹等好几个品种。

不过,竹子的种植,最早可以追溯到明初大院东北部的武定侯竹园。民间还有"宁可食无肉,不可居无竹"的说法。

看着大院内的棕榈树和竹子,就能联想到洪秀全和曾国藩这一对冤家死对头,当年曾国藩挖出洪秀全的尸体,鞭尸焚烧,没想到自己最后还是和不共戴天的仇家死在同一地方。现在,大院内有的棕榈树和竹子近在咫尺,倒也相安无事,真觉得有趣。

28 总统府内的棕榈树和竹子

近在咫尺的棕榈树和竹子

29 总统府内的古井

相传,总统府有七口井,现已全部清理出新,供人参观。

一口在西花园桐音馆东北约 10 米处,隐于一组假山之中,在一立石上刻有篆文"古井"二字,井的沿口还有多年使用后绳索磨出的槽印;一口在中轴线西四小院平房最后一进的院落,这里曾是总统府典礼局;一口在大院南部的山水园中,一墙之隔就是喧闹的街市,古井在这平添了几分曲径通幽的意境;一口在马厩平房间;一口在风景秀丽的东花园,位于小桥流水不远处;还有一口在东部清朝小院的墙角,一般不易发现。

第七口井是 1982 年发现的。在当时的总统府西面的部队用房地板下,发现了这口古井,井栏为五色石,这很有可能是《四梦汇

西花园古井

位于典礼局内的古井

南花园古井

五色井

谈》中所书天朝宫殿西朝房的"西有一井"。现在这口井在"禁毒馆"中原址展出。

这几口井过去一直是大院的主要水源,两江总督的官兵喝过,太平天国的勇士饮过,周边的平民百姓也用过,井沿的深深绳印是历史的痕迹。这些井至今水质甘洌,从未枯竭,可能与总统府一带地下水丰富有关。1864年,湘军攻破天京,烧杀奸淫,大肆抢掠,天朝宫殿遭到毁灭性破坏。没有及时撤离的宫妃、女官、宫女,不愿受到湘军凌辱,纷纷跳入太平湖和宫内水井,一曲曲太平悲歌荡气回肠。

总统府内有没有其他井了呢?在一张上世纪30年代初的《国民政府全图》上,我们看到了一口。它位于东院中部东口,当时行政院南楼尚未修建,这口井周围有参军处清洁队、国府音乐队、国府清洁队、音乐楼等,此井位于显著位置。但是周边建筑早在民国时期已拆除改建。本世纪初,在行政院南楼围墙南面发现了一个民国时期消防栓,按图索井这口井很有可能就在这个消防栓的附近。2007年,因为移建陶林二公祠,消防栓向东移了几米。

民国时期的消防栓

30 两江总督署大堂

现在的中轴线大堂，基本保持了同治年间重修后的模样。这个位置既是太平天国天王府荣光大殿遗址，还是孙中山宣布开创民国、就职临时大总统的地点。目前，大堂高挂"天下为公"匾，主要以民国时期场景展现，两边悬有反映大院历史的六幅油画："天国风云"、"敕治两江"、"共和肇始"、"国府西迁"、"国共和谈"、"煦园曙光"。

两江总督署大堂现在中轴线东面的一个小院内复原，集200多年督署精华为一体，虽然不是原址复原，依然能感受到当时的威严。大堂是两江总督署的核心，公案上笔墨、签筒一应俱全，两旁立有总督杏黄伞，靠墙立有总督职衔牌、回避肃静牌，大堂屏风图案为海潮为底的丹鹤朝阳，这只有一品职衔的官员才能配有。前额的"惠治两江"是乾隆帝为尹继善所题，后额的"秉钺三江"是乾

复原的两江总督署大堂

刘坤一像　　　　张之洞像　　　　魏光涛像

隆帝为黄廷桂所题。两边还悬有"三省钧衡"、"两江保障"匾额。大堂西边设有登闻鼓。

大堂内柱对联"齿牙吐慧艳如雪,肝胆照人清若秋"是曾任两江总督的铁保手迹。外柱对联"虽贤哲难免过差,愿诸君谠论忠言,常攻吾短;凡堂属略同师弟,使僚友行修名立,方尽我心"为曾国藩首任两江总督时专为督署题写。意思是说就连圣贤人也会有差错失误,希望各位经常针对我的不足提出意见;我希望下属就像老师和兄弟一样,我的幕僚们个个功成名就,我才得以放心。

清朝前期,总督多由满人担任,太平天国运动以后,汉人任总督者渐多。从郎廷佐康熙四年(1665)始任至张人骏宣统三年(1911)逃离的247年间,共计有80余人98任两江总督。复原大堂西面的名督馆,陈列了晚清12位两江名督:林则徐(1839年授任未到任)、耆英、曾国藩、李鸿章、刘坤一、沈葆桢、左宗棠、曾国荃、张之洞、魏光焘、端方、张人骏。

31 曾国荃"三省钓鱼"

曾国荃是湘军中的一员干将,因善于围城有"曾铁桶"之称,在镇压太平天国运动的战斗中屡立战功。当年首先攻入南京城的正是曾国荃的部队。曾国荃好财,将天朝宫殿洗劫一空后,唯恐不好交代,就一把大火一烧了之。光绪十年(1884)至十六年(1890),曾国荃两督两江达6年之久,这位总督的敛财术比以前也确实是提高了许多。

夫子庙在当时是歌舞升平、藏污纳垢的金粉声色之地。狎客歌妓们醉生梦死,寻欢作乐。政府多次禁娼,但往往稍后就死灰复燃。沈葆桢督两江时曾下令严禁娼妓,风尘女子一时烟消云散。他要求其他各府也响应。但有扬州太守来见沈说:"你越禁娼,我府治下娼妓就越多,妓女多是扬州人,我不能不让她们回家。"沈葆桢听后,只好放松查禁。

曾国荃是秦淮河畔的常客,他不禁秦淮声色,反而对秦淮"夜生活"十分喜好。他常约些幕府同僚旧友,在秦淮河畔大摆酒宴,大吃大喝。他对明末侯朝宗狎李香君念念不忘,常寻径来到"媚香楼",登楼远眺怀古。曾国荃还看中夫子庙钓鱼巷附近的一个妓院,作为他收受贿赂、进行权钱交易的场所。

曾国荃在两江总督任上

曾国荃像

捞足了油水，对希望升官发财或打赢官司的人，都要狠狠敲一下竹杠。他将幕僚派往钓鱼巷的妓院，做各种交易，接受各种各样人的贿赂。南京人至今流传着曾国荃的种种"钓鱼"趣谈。

两江总督署东、西卫门上分别刻有"两江保障"、"三省钧衡"横匾。聪明的南京百姓就把"保"字拆读为"呆人"，将"钧"字粗看为"钓"，"衡"字可拆成"鱼行"，于是就成了"两江呆人障"、"三省钓鱼行"，借此讽刺曾国荃。

还有一位文人为此写了一首名为《钓鱼行》的打油诗："秦淮画舫暖围春，时有鱼郎来问津，闲坐河房粗误字，钧衡谁是钓鱼人。"钓鱼人者，当然是指曾国荃了。

曾国荃不像其兄曾国藩那样低调收敛，而是有些张扬，如果晚清有富豪排行榜，他完全可以占上一席。曾国荃敛财后，将湖南双峰老家的府第修得富丽堂皇，十分气派，差一点让皇帝查出有"僭越"之嫌。曾国荃病逝于两江总督任上，享年67岁，谥号忠襄。

清朝末期的两江总督辕门

32 左宗棠奏建陶林二公祠

陶林二公祠是供奉陶澍和林则徐的祠堂,由左宗棠为感谢二人的知遇之恩,于光绪九年(1883)建造。左宗棠在40岁时还只是个私塾先生,后来能官至封疆大吏,成为晚清重臣,与陶澍、林则徐对他的赏识和鼓励是分不开的。

一、左宗棠与陶澍因联而识

陶澍是清代道光年间的封疆大吏,他与左宗棠相识是从一副对联开始的。

道光十六年(1836),第二次赴京会试落第的左宗棠就任醴陵渌江书院山长(校长)。这年九月,醴县知县得知两江总督陶澍赴安化省亲路过,特意准备了馆舍,并请左宗棠写了副对联,以示欢迎和敬仰。陶澍一到馆舍,立刻被这副对联所吸引:"春殿语从容,廿载家山印心石在;大江流日夜,八州子弟翘首公归。"上联描述的是道光皇帝上一年召见陶澍,并赐"印心石屋"匾额的事,下联借陶澍先人陶侃掌督八州军事的典故,引出陶澍远祖的光荣历史,并展现出家乡父老对陶澍荣归故里的期盼。陶澍对此联大为赏识,要求见见写联人。

初次见面,陶澍觉得左宗棠虽是位教书先生,但举止轩昂,谈吐不凡,视其为奇才。而左宗棠也是湖南人,

陶澍像

自幼孤傲不羁,常以"孔明第二"自居,他对陶澍能诗善对的才情、盐政海漕的政绩早有耳闻,对陶澍敬佩、仰慕已久。两人谈古论今,越谈越投机,不知不觉地竟谈至深夜。陶澍特意在澧县多逗留了一天,以便和左宗棠深入长谈。临别时,陶澍叮嘱左宗棠下次赴京考试返回时到南京再聚。

这一年陶澍59岁,左宗棠25岁。

二、陶澍年迈托孤左宗棠

道光十八年(1838),左宗棠北京会试再次落第。失意的左宗棠如约专程到两江总督署拜见陶澍。陶澍安排左宗棠在馆舍住下后,就没和他见面了。两个月过去了,左宗棠有点憋不住了,强压怒火,一大早去总督署告辞而去。陶澍刚好起床,才穿好一只袜子,听报说左宗棠要走,连另一只袜子都没来得及穿就追了出去。原来陶澍是有意试探左宗棠的耐心,想更加全面地了解他,磨炼他。陶澍一直追到辕门,边说边挽着左宗棠回到厅堂,并让他坐上位,左不肯。陶澍认真地说:"贤弟当坐此位,他日名位将在我之上。"左宗棠对这突如其来的恭维不知所措,但见陶澍说得如此真诚,感动得差点掉下眼泪。陶澍挽着左宗棠的手,安慰他说:"这次会试落第,不要灰心,要多学些经世致用的学问,国家很需要有真才实学、能办实事的人才啊!"陶澍说到这里深深地叹了口气,接着说:"我人老了,有一事相托,不知左贤弟可答应?"左宗棠忙打躬道:"大人相托,岂有不应命之理!"

原来陶澍虽有多房妻室,子女不少,但多是闺女,只有晚年所生的陶桄是个儿子,视如掌上明珠。当时陶桄刚刚7岁,陶澍对左宗棠说:"如我有不测,就把陶桄这孩子交托给你培养如何?"左宗棠欣然应允,陶澍进一步说:"贤弟的大小姐小陶桄一岁,我们就结为亲家,等他们成人了,由你操办,我拜托了。"陶澍边说边深深地作了个揖,左宗棠赶忙起身回礼。

三次会试落第的一介布衣,竟与当时享有盛名、位高权重的陶澍结为忘年之交,并订为亲家,的确是一段佳话。

1839年6月2日,陶澍病逝在两江总督任上。左宗棠没有辜负陶澍的托孤之情,于次年从湘阴老家赴安化小淹陶澍的府第,尽心尽力地执教,直到陶桄16岁,又携他到长沙深造成才。

三、湘江夜话,林则徐力荐左宗棠

左宗棠在安化陶府期间,饱读陶澍藏书和奏稿,学问见识大有长进,并有机会认识许多有识之士。陶澍的女婿胡林翼早已步入仕途,多次与左宗棠"彻夜谈古今大政",对左宗棠极为赞赏,认为他必成大器。1848年,胡林翼得知时任云贵总督的林则徐急需辅助人才,便大力推荐左宗棠。林则徐看了介绍非常满意,但当时左宗棠因守约抚孤无法脱身,没能前往,不过,林则徐因此记住了左宗棠这个名字。左宗棠对林则徐则更是心仪已久,他在小淹遍读陶澍生前同林则徐的往来书信,他佩服林则徐"苟利国家生死以,岂因祸福避趋之"的爱国精神和义举,而对林则徐遭贬等事,左宗棠自称:"仆之心如日在公左右也,忽而悲,忽而喜,尝自笑耳。"足见他对林则徐的仰慕。

林则徐被道光帝遣戍新疆后,道光二十五年(1845)底又奉旨起用。四年后,林则徐从云南回闽养病,特意绕道将船停泊在长沙岳麓山下,为的就是专门会晤相闻已久,却始终未曾谋面的左宗棠。

林则徐像

匆匆赶来的左宗棠一脚踏上船板,扑通一声跌进江水。等到他爬上船以后,林则徐笑道:"这就是你的见面礼?"他们在江上纵论天下,直到天明。特别是关于西北军政的见解,两人不谋而合。林则徐认定将来"西定新疆",舍左君莫属,特地将自己在新疆整理的资料全部交付给左宗棠。

林则徐回到福建后,日渐病重,已知来日无多的他一再向咸丰皇帝推荐左宗棠,称他为"绝世奇才"、"非凡之才"。

四、左宗棠建祠堂纪念恩人

陶澍在左宗棠人生谷底之时给予了精神上的莫大帮助,与林则徐的湘江夜话,同样对左宗棠影响极大。20多年后,左宗棠出关收复新疆。在这片林则徐被流放过的地方,他时时处处想起那天晚上林则徐的话语。为此他奏请建省,屯田垦荒,凿修水利,努力将林则徐生前遗愿一一付之实行。收复新疆后,左宗棠曾专门到福建林则徐祠拜谒。

光绪七年(1881),已名震天下的左宗棠调任两江总督,此时陶澍和林则徐早已过世。左宗棠重返江宁,物是人非,感慨万千。于是他邀请南京地方士绅集资,于光绪九年(1883)建造了"陶林二公祠",以示

左宗棠像

永久追慕之心,并写下对联:"三吴颂遗爱,鲸浪初平,治水行盐,如公皆不朽;卅载接音尘,鸿泥偶踏,湘间邗上,今我复重来。"在今天复建的陶林二公祠堂,仍能见到集左宗棠字复制的这副对联。

33 陶林二公祠的移建

　　陶林二公祠原址在长江东街4号（现属江苏省美术馆新馆范围），因城建拆除于2007年整体移建于总统府东苑。陶澍、林则徐为两江地区的行政长官，可谓之为一方"土地"，加上西花园的关帝庙，如此布局，也对应了清代衙署东西两路各有土地庙、关帝庙的惯例。

　　移建后的陶林二公祠保持了原有风貌。祠堂正厅南檐口下有两块砖雕，分别表现的是一文一武两个题材，是祠堂原物，刀法细腻，布局生动。前厅北檐口的两块砖雕图案一样，西边的为原件，东边的虽为复制件，依然是惟妙惟肖。

　　"崇祀名贤"砖雕的图案参考了《点石斋画报》中关于祭祀名贤的资料，再现了当年官员们在陶林二公祠内祭拜的场景。砖雕上陶林二人塑像端坐祭台上，63名参加祭拜的官员栩栩如生，有跪

移建后的陶林二公祠

移建后的陶林二公祠祭厅

拜的,有上香的,有交头接耳的,有闭目缅怀的,官员们补子上的图案都细腻地雕刻出来……人物如此众多在砖雕中实不多见。

祠堂内砖雕、贡桌、二公塑像、正厅斗拱和任继愈先生的馆名题字,合称为陶林二公祠"五宝"。

陶林二公祠内还有两副对联。"大度领江淮,宠辱胥忘,美谥终凭公论定;前型重山斗,步趋靡及,遗章惭负替人期"是林则徐挽陶澍所写。意思是说陶澍在两江任职期间,大度为公,宠辱皆忘,死后得到了一致赞美肯定的评价,陶澍德高望重,成就卓越,为众人所敬仰,后人望尘莫及,但还在努力,林则徐接任两江总督职,任重道远,不能辜负前人厚望。

祭厅内柱的对联,是齐彦槐贺陶澍六十寿诞而作:"八州都督,五柳先生,经济文章,千古心传家学远;六甲初周,

崇祀名贤砖雕

一阳来复,富贵寿考,百年身受国恩长。"对联从颂德与祝寿方面立意,上联赞颂陶澍政绩继承陶侃,文章承陶渊明,可说家学渊源。陶澍在政绩上,曾首创海运及整理淮北盐务、筹划治理安徽荒政、疏浚吴淞江、浏河等水利。在处理政务和文章著述方面都卓有成就。下联祝贺陶澍富贵长寿,可以长受"国恩"。本联以八州都督、五柳先生切陶澍之姓,以一阳来复切陶澍诞生之月,可谓运典自如,贴切不移,对仗工稳。

还有一对联,虽未能展出,但还是值得一提的,那就是左宗棠为林则徐写的挽联:"附公者不皆君子,间公者必是小人,忧国如家,二百余年遗直在;庙堂倚之为长城,草野望之若时雨,出师未捷,八千里中大星沉。"左、林两人虽一面之交,但情深谊厚。上联"附公"者,指追随林则徐的人们。1840年,林则徐被推行"抚夷"媚外路线的"间公"者穆彰阿、琦善等人诬陷而谪戍新疆。"二百余年",从1644年至1850年,共206年。"遗直",谓直道而行,有古之遗风。此处是说林则徐的优良作风永远存在。下联"庙堂",指清廷。"草野",比喻民间。"时雨",及时雨。"出师未捷",指1850年11月4日林则徐奉清廷命,由福州抱病启程,赴广西镇压拜上帝教,走到广东省潮州普宁县,因病而卒。

"二公祠"移建后新立的陶林二公像

34 煦园"三段碑"缺一何处寻

南京总统府煦园内有块"天发神谶碑",亦称"天玺纪功碑",因为断成三段,所以又名"三段碑"。"天发神谶碑"原碑已毁,现存的是清代两江总督端方请名手复制而成,嵌在龙墙上,可惜只有两段,另一段至今下落不明。

一、东吴末帝　妄借石碑挽危局

说到"天发神谶碑"的来历,颇为"神奇"。东吴天册元年(276),有人挖地,得到一块长一尺、宽三分的白银,上面刻有年、月;不久,又有人在吴郡的临平湖边,得到一块石函,中间有一块青白色的小石头,长四寸,宽二寸,上面刻有"吴主作皇帝"的字样。于是东吴后主孙皓改年号为"天玺",并立石碑以记载四代吴主的功德,这就是"天发神谶碑"。记载六朝史料的《建康实录》说:"县南三十里,西接牛头山、丹阳云岩,东路有大蝎石,长二丈,折为三断,此纪功之碑也……可辨者二百余字,漫灭者五十余字。"

三国末年,刘备创建的蜀国已经灭亡,司马昭之子司马炎废魏

西花园内的三段碑

主,自立为晋武帝,建立了晋朝,开始扩大疆土,巩固政权。东吴偏居江南,危在旦夕,但东吴末帝孙皓却信赖奸臣,生活奢靡,不在政治军事上富民强国,竟想出用巫术占卜等手段,来支撑这占据一方的小朝廷。"天发神谶碑"碑文荒诞不已,上有"上天帝言"、"天发神谶"、"永归大吴"等等,落款为"吴天玺元年七月己酉"。碑文假借"上天帝言"告知百姓:吴主继承帝位,吴国统一天下是上天的旨意,想以此稳定民心,加强统治。可笑的是,才定"天册"年号的孙皓又改年号为"天玺元年",在位16年便换了8个年号,但这一切并未改变东吴灭亡的命运。公元280年,东吴被晋所灭。

孙皓在位期间,东吴已是内忧外患,国库空虚,孙皓却滥用民力营造新宫。宝鼎二年(267),继位不久的孙皓在太初宫之东兴建了规模庞大的昭明宫,并扩建了宫城。他诏令"二千石以下皆入山督摄伐木,又破坏诸营,大开园圃,起土山楼观,穷极伎法,功役之费,以亿万计"。现在的总统府大院就包括在当年东吴宫城范围内。

二、碑断三截　辗转多处终被毁

"天发神谶碑"原来立于南京城南天禧寺,石刻为圆幢形,在六朝晋宋时期已断为三段。北宋元祐六年(1091)移到筹思亭,明朝又移至江宁府学尊经阁,历代都受到较好保护,直到清嘉庆十年(1805)三月,在南京孔庙的一次大火中才被毁。

"天发神谶碑"碑文虽然荒诞难读,但其书法则独树一帜,其笔法及体势可谓前无先例,后无继者。据传碑文由华核所编、黄象所书(另一说为苏建)。黄象是我国三国时期著名的书法家,也是江苏最早的书法大家,尤其擅长篆、隶、章草等字体,其书法当时称为"八绝"之一。黄象存世遗迹多为隶书、章草,而"天发神谶碑"碑文非篆非隶,被称为"垂露篆",是我国书法史上少有的由篆书向隶书转变时期的文字,存世极少。其下笔多呈方棱,收笔多作尖形,转折方圆并用,形象奇异雄伟,对于研究我国文字书法的发展演变历史具有很高的价值。著名学者翁方纲、张叔未等人对此碑均有很高评价。

三、总督端方　复制名碑附风雅

"天发神谶碑"流传拓本很少，最早的宋拓本现藏于故宫博物院。另外还有罗振玉旧藏本、贵池刘聚卿藏明拓本、清雍正乾隆拓本等。总统府煦园内的"天发神谶碑"，虽是清两江总督端方根据宋拓本重新募勒精刻而成，但也是不可多得的珍贵文物。

生于咸丰十一年（1861）的端方，是满洲正白旗人，被慈禧太后赏识后，历任陕西按察使、山西布政使、护理陕西巡抚、河南布政使、湖北巡抚、湖南总督等职。光绪三十年（1904）任江苏巡抚，代理两江总督，提倡改革学塾之风，将南京全城分为东南西北四区设置学校，每区10所，共40所。光绪三十一年（1905），端方赴日、英、德、

端方像

端方在美国考察

比、瑞、奥、埃等国考察，归国后倡导君主立宪。光绪三十二年（1906），端方任两江总督兼南洋通商大臣，设学堂，办警察，造兵舰，练陆军，制定长江巡缉章程，通河道，拓马路，修建贯穿南京市区的铁路，设立国内第一所华侨学堂，筹建江南图书馆、两江政法学堂等。应该说，端方在当时的文化与经济建设上是有一定政绩的。

端方非常爱好金石书画，家中"罗列张挂，沙石并下，赝品鱼目，堆满眼帘"，但颇有"叶公好龙"之嫌。有人巧妙地将其名字嵌入一副对联之中，描述端方十分贴切："卖差卖缺卖厘金，端人不若是也；买书买画买古董，方子何其多乎。"端方虽不识货不懂行，但官居要职，地位显赫，其属下及江南富家自然会将古玩、珠宝、字画、金石之类献上，投其所好。端方倒也来者不拒，还在总督署旁开了个古玩店，明码标价卖家里的存货。据说，"天发神谶碑"的背面还刻有端方的题跋。

端方手迹

四、天发神谶　三段缺一留遗憾

端方为何要复制天发神谶碑？现无从查考。两江总督署的位置正是当年东吴宫城所在地，也许是端方身处故地，借物抒情吧。端方任两江总督时正值清朝末年，革命浪潮风起云涌，腐朽无能的满清政府摇摇欲坠,这与孙皓当年所面临的危局颇为相似,其结局也是一样的悲惨。

端方复制的"天发神谶碑"保存完好,与当时嵌于总统府煦园夕佳楼下的龙墙之中有很大关系。文革时期,石碑被石灰覆盖才幸免于难。两块石碑底色黝黑,字迹清晰,手笔细腻,刀法老到。

至于"三段碑"的分段有几种说法。《善本碑帖录》所记:碑石上段21行,每行5字,诏遗一行6字,大吴一

天发神谶碑故宫拓本

行7字,中段落17行,每行7字,下段存10行,每行3、2、1字不等。另外还有一说:首段20行,次段15行,末段29行,共存213字。上段石碑后刻胡宗师题跋,又刻有宋崇宁元年(1102)石豫安正题字,还刻有明代嘉靖年间耿定向跋等。

但是,总统府煦园内的两段碑石尺寸均为长、宽分别为180厘米、80厘米,一块碑文18行、另一块16行,但有两行已漫漶不清。碑文大部分均在这两块碑上,而另一块却至今下落不明。

35 端方对革命的"贡献"

孙中山就任中华民国临时大总统的办公室设在煦园内的西花厅。西花厅是清末两江总督端方所建,现在是省级文物保护单位。

清朝末年,西方文化伴随着炮火大量涌入,西风愈刮愈烈,西式洋房渐成时尚。西花厅就是端方赴欧美考察回国后所建,1910年建成。西花厅位于当时两江总督署西花园太平湖西面一个黄墙小院内,是一座仿法国文艺复兴风格平房,其外墙多用红砖,内部仍是砖木结构。坐北朝南七开间,中为穿堂。五间房内设有异国情调的壁炉。南面有一条通贯东西长廊,十二座拱形落地窗,拱顶部中央均嵌拱心石,下有铸铁空花栏杆,两边为西式古典方柱。正中抱厦向南凸出两米多,内引七级台阶,直通穿堂,顶部覆红色洋瓦。房屋基座挑高一米有余,廊阶下的铸铁地窗有防潮通风功能。整个西花厅鸟瞰呈T形,这座中西合璧的建筑衬映在清代园林之中别有意境。1912年,西花厅成为孙中山临时大总统办公室。猖狂剿杀革命党人的端方,没想到自己竟为革命做出了如此"贡献"。

西花厅

宁省铁路东箭道段

另外，孙中山就任时乘坐小火车的铁路，也是端方在任时所建。2008年在总统府东墙外发现当时的铁轨数根。

  端方的"贡献"还不只于此。宣统元年（1909），端方升任直隶总督，因在东陵拍摄慈禧葬礼而被免职。当时，革命浪潮风起云涌，满清政府腐朽无能，摇摇欲坠，大势已去。1911年5月18日，端方被起用为川汉、粤汉铁路督办大臣。其后，四川兴起保路运动。保路运动是武昌起义的导火索。端方奉命率湖北新军前去镇压，酿成"成都血案"，成为屠杀革命的刽子手。而湖北是同盟会重点经营的地区，端方率军赴川造成武汉防务空虚，为武昌起义成功提供了良好契机，真是"功不可没"。1911年月10月10日，武昌起义成功，为中华民国临时政府的成立奠定了基础。11月26日，端方在资州，"所部鄂军皆变，军官刘怡凤率众入室，语不逊，端方以不屈遇害"。

36 孙中山临时大总统就职场景如何

　　1912年1月1日，孙中山从上海乘坐火车一路风尘，到达两江总督署旧址时已近晚上7点，用餐后，晚10点就职典礼开始。典礼程序如下：奏军乐、代表报告选举情况、大总统致词、代表致欢迎词并颁发印绶、总统盖印宣誓、海陆军代表致颂词、大总统致答词等。但是，孙中山就职的重要场景却没有发现任何图片资料，这是因为当时的闪光技术比较落后，并且还有一定危险性，没有拍摄。据同盟会员袁希洛《临时大总统就职典礼见闻》记载："这庄严的典礼以在夜间的缘故，当时摄影记者未有镁光设备，不能摄一张照片，殊为可惜。"多年来，有多个艺术作品再现了这个重要场景。经多年研究，孙中山就职典礼是在大堂举行的，而非以前所说的暖阁。

　　"革命的先行者孙中山先生"展览中有临时大总统就职场景模型，生动、形象地再现了这一中国历史上的重要时刻。

孙中山就职场景模型

孙中山临时大总统就职场景如何

两江总督署(现总统府)大堂灯光明亮,大堂前檐悬挂有横幅:"吾大中华民国吉期良辰",两边立有一对竖幅:"驱除鞑虏恢复中华"、"创立民国平均地权",均为蓝底白字。大堂上并排斜挂着象征汉满蒙回藏共和的五色旗,武昌起义时使用的铁血十八星旗分列两边,大堂中间用绳索悬挂有各色万国旗。黄兴、蔡元培、胡汉民、徐绍桢等分列两边,仪式由山西代表景耀月主持,孙中山居中站立,用浓厚的广东话宣读就职宣言:"倾覆满洲专制政府,巩固中华民国,图谋民生幸福,此国民之公意,文实遵之,以忠于国,为众服务,至专制政府既倒,国内无变乱,民国卓立于世界,为列邦公认,斯时,文当解临时大总统之职。谨以此誓于国民。中华民国元年元旦,孙文。"会场庄严肃穆,播放着激昂的《马赛曲》,孙中山等人表情严肃,神态凝重。

2003年,有一位安徽张姓老汉找到总统府,拿出祖上所传的一块金属章牌要求鉴定,说是孙中山就任中华民国临时大总统职时所玺绶其职掌国家权力的信物,名曰银券丹书,实乃国玺地契。他还指着孙中山先生就职后的一张照片上口袋露出的金属链,说当时的这银券丹书就在口袋内。有专家认为可能是孙中山就职时佩戴的玺绶勋章,也有专家认为这只不过是一枚开国纪念章。

就职时的孙中山

银券丹书(正面)

37 孙中山为何对南京情有独钟

孙中山先生在临时大总统府内宣告了中国民国的建立,并决意定都南京,把他多年努力奋斗、取得革命胜利的辉煌时刻留在了这里,南京因此名垂青史。孙中山先生弥留之际,还念念不忘南京的紫金山,留下了逝世后葬于钟山的遗愿。孙中山先生为何对南京情有独钟呢?

孙中山在南京宣誓就职中华民国临时大总统后,面临许多困难。2月12日,清帝退位。孙中山按照就职宣言,于次日向临时参议院提出辞呈,推荐雄居北方的袁世凯为总统。在辞职咨文中附有3个条件。其中第一、第二条就是坚持南京为民国政府首都,袁世凯到南京受任。意想不到的是,有不少参议院议员不仅不支持孙中山建都南京的主张,反而宣扬建都北京的好处。后在孙中山、黄兴等人的压力下,参议院再次开会复议,27位议员到会投

孙中山办公室内景

票,以19票南京,6票北京,2票武昌而通过南京成为中华民国政府首都的决议。但后来,狡猾的袁世凯还是没有离开北洋势力的老巢,在北京登上了中华民国总统的宝座。

如果说孙中山先生执意定都南京是当时形势所迫,那么孙中山决定身后葬于南京,却是出于他对南京的由衷喜爱。

1912年3月,袁世凯在北京宣誓就任中华民国第二任临时大总统后,"无官一身轻"的孙中山先生和胡汉民、郭汉章等人前往紫金山狩猎。当从明孝陵转到半山寺时,孙中山放目四望,指着远处的方山和回环扣带的秦淮河说:"你们看,这里地势比明孝陵还要好,山水相衬,气势恢宏,不知明孝陵为何不选在这里。"胡汉民说:"这里确实比明孝陵好,前有照,后有靠,左右有山环抱,加之秦淮河环绕着,真是一方大好墓地。"孙中山笑着对众人说:"他日我辞世后,愿向国民在此乞一抔土,以安置躯壳。"

1912年2月,孙中山、胡汉民与秘书处人员合影

孙中山为何对南京情有独钟

孙中山先生在《实业计划》中对南京有以下描述："其位置乃在一美善之地区,其地有高山,有深水,有平原,此三种天工,钟毓一处,在世界中之大都市诚难觅如此佳境也。"

1925年3月,孙中山病重弥留之际,宋庆龄、何香凝、汪精卫等人在病房悄悄谈起后事。谈到墓地问题时,汪精卫说道:"我认为总理倘有不测,葬在北京景山最宜。"谈论时,孙中山本已昏睡,但恰在此时醒来,听得汪精卫之语,连声说道:"不,不,我要葬紫金山。"在场人都很吃惊,为安慰他,齐声应允,但无人知道紫金山在何处。

后来大家知道孙中山说的紫金山,就是当年他看中的钟山半山寺这一地方。宋庆龄、孙科和葬事委员会的代表还亲自到紫金山做了实地勘察,并开始筹建中山陵。1929年6月1日,孙中山先生终于如愿长眠南京了。

孙中山是广东香山人,足迹踏遍世界各地及祖国大好河山,晚年病逝于北京,他在南京的时间,也只有短暂的90多天,但他一生中最为重要的时刻就在这里。现在的南京,已与孙中山先生紧密地连在了一起。

孙中山在明孝陵祭奠时留影

38 孙中山为何辞去大总统

孙中山先生等人领导的革命,推翻了清朝的腐朽统治,埋葬了延续 2000 余年的中国君主专制制度,创建了中国第一个民主共和政权。但是,在南京就任中华民国临时大总统才过了一个多月,孙中山就宣布辞去临时大总统之职,临时参议院根据他的提议,一致通过北洋新军首领袁世凯接任临时大总统。孙中山先生辞职后,袁世凯步步为营,不断排挤革命党人,甚至大开杀戒,还上演帝制复辟的闹剧。许多人都会思忖着同一个问题:以孙中山为首的革命党人为何拱手让出革命政权?孙中山在就职誓词中提出"至专制政府既倒……文当解临时大总统之职"。1912 年 2 月 12 日,清帝在袁世凯胁迫下退位。于是,孙中山第二天就向临时参议院提出辞职。这只是表面上的原因,真正原因是迫于当时革命党自身

1912 年 1 月 21 日,南京临时政府举行第一次内阁会议

1912年4月1日,孙中山前往临时参议院辞行时留影

的力量和国内形势。

首先,革命党人自身力量不足。在孙中山等人发动暴力反清的过程中,既没有也很难真正将下层民众发动起来,形成比较坚实的社会基础,往往是革命的声势大于革命的实力,反清起义的高潮来得快,退得也快。孙中山曾说过:"武昌之成功,乃成于意外。"正因为如此,连黄兴与孙中山本人也都希望袁世凯"出而建拿破仑、华盛顿之事功"。当然,从对袁世凯充满厚望到丧失对他的警惕,同革命党人狭隘的反满民族主义也不无关系。但是,如果革命党人自身的力量比较强大,又何需依靠他人?

第二,革命领导群体内部四分五裂,严重削弱了原本并不强大的革命力量。中国同盟会作为辛亥革命的领导核心,固然集中了许多出类拔萃的民族精英,但在许多重大问题上矛盾迭出。革命成功后,各路革命者也不从革命的大局出发,迅即汇聚在孙中山、黄兴为核心的革命领导集体周围,共渡难关,而是隔岸观火,甚至幸灾乐祸,最突出的莫过于原湖北革命骨干孙武主动与黎元洪握手言欢，却同孙中山、黄兴为首的南京临时政府过不去。

第三就是难以逾越的财政危机。无论是部署繁重而艰巨的北伐任务，还是维持百废待兴的南京临时政府的日常工作，样样都需要经费。南京临时政府在名义上统辖响应武昌起义的10多个省区，却得不到各省都督的财政支持。举借外债，但效果也不理想。孙中山、黄兴等原本希望让头号资本家张謇出任财政总长，让他协助缓解财政危机，他却坚决不干，只勉强答应担任实业总长，而且长期住在上海，不愿到南京办公。从1月3日内阁组成，直到1月21日阁员们才纷纷来到南京，召开"临时政府第一次内阁会议"。北伐则因南京临时政府财政十分困难，近乎难以为继，军心不稳。逼迫清帝退位的任务就不得不依仗脚踩两只船的袁世凯去完成，给他的回报则是炙手可热的临时大总统之职位。

孙中山与唐绍仪在办公室前合影

39 孙中山起居室

煦园东北角有一座二层小楼,在清代用于两江总督幕僚居住。民国初年,孙中山先生就任中华民国临时大总统后,就在这与临时大总统办公室仅一水之隔的小楼里居住。现在小楼已命名为"孙中山起居室"。

小楼楼下正中为堂屋,东边一间为侍卫值班室,西间为会议室。沿着堂屋后的木梯可上二楼。二楼也是三开间,东头是孙中山先生的卧室兼书房,中间是餐厅,西头为盥洗室。

孙中山就任临时大总统后,原配夫人卢慕贞及子女孙科、孙娫、孙婉四人来到南京一家团圆。卢慕贞照顾孙中山生活,起早贪黑,洗衣做饭,十分辛苦。一家人饮食起居都很简单,粗茶淡饭,难怪子女们都说:"这里的饭菜还不如家里的好吃!"

起居室外景

盥洗室内景

卧室内景

卧室内景

华侨赠送给孙中山的汉白玉鱼缸　　孙科兄妹三人在西花园合影

　　小楼东面有一排平房，当年是侍卫休息室，现已场景复原。小楼前有一对汉白玉鱼缸，是当年华侨送给孙中山的礼物，至今保存完好。

　　小楼南面的平房，当年做厨房之用。平房西头有一棵柿树，浓密的树枝，将院落遮掩了大半，这就是南京迄今发现的最老柿树。此树近百岁树龄，高约 10 米，胸径 120 厘米，冠径 10 米有余。春天黄花点缀，夏日青绿阴浓，秋来一片丹红，凌霜硕果仅存。

　　这棵柿树与总统府一起经历了近代沧桑。孙中山先生繁忙工作闲暇之时，在庭院之中散步小憩，偶尔还给这棵当时的小树浇过水呢。

　　也许是有独特的风水滋养，总统府内的这棵柿树姿如盘龙，长势依旧健旺。每逢秋日，红艳的果实令人垂涎欲滴，但树高枝长，只得望柿止馋，任其高挂枝头，远眺倒像是挂着二三百盏小红灯笼，煞是好看。长熟烂透的柿子没摘下，倒便宜了麻雀等飞鸟，一阵饱食，呈出"馋雀啄柿"一景，如果啄后的柿子不巧落在您的身上，千万别生气。天上是不会掉馅饼的，这掉下的柿饼或许会给您带来好运呢！

40 中山碑廊

孙中山起居室庭院西面的"中山碑廊",建于上世纪90年代,从南到北依次勒刻有"乐天"、"奋斗"、"博爱"、"推心置腹"、"后来居上"、"治本于农"、"造路救国"、"天下为公"等八块石碑。

乐 天

"乐天"是孙先生为"效鲁兄"所题,效鲁是近代资产阶级革命者秦毓鎏的号。辛亥革命爆发后,秦毓鎏奔走于苏州、上海之间,联络同盟会中部总会人士密谋响应。民国元年(1912)年1月,秦毓鎏往南京任总统府秘书,民国二年7月,国民党发起反袁二次革命,秦毓鎏被黄兴任命为江苏筹饷处处长。二次革命失败后秦被捕,以"附和内乱"罪被判刑9年,关押于苏州陆军监狱。民国五年10月,经孙中山等救助出狱。民国七年任无锡路桥工程局局长,

中山碑廊

主持通惠路的修筑。民国十三年国民党改组,秦出任国民党江苏省党部执行委员。孙先生的"乐天"精神是革命乐观主义的表现。

博　爱

孙中山认为自由、平等、博爱是人道主义的"真髓",是"人类之福音",真正的博爱是"广义之博爱",就是实行三民主义,救国救民。孙中山的"博爱"思想是超越国界的,他不遗余力地宣传他的"博爱"思想,赢得世人对他的尊敬与好评。孙中山的博爱思想对实现世界和谐、社会和谐具有重大的意义。

推心置腹

"推心置腹"是孙中山写给日本友人宫崎寅藏的。宫崎寅藏于1897年结识孙中山后,一直伴随其左右,倾其家产支持中国革命。他是孙中山在日本为数不多可以"推心置腹"的朋友。宫崎并不是简单地崇拜孙中山,双方都把对方当成诤友。辛亥革命时期,宫崎坚决反对孙中山、黄兴等人与袁世凯合作,强烈建议孙中山进行北伐。后来在著名的孙黄交恶事件中,宫崎直言,孙中山之所以与黄兴合作几十年后彼此交恶,两人不在于私心,而在于主义之争。面对这样的诤友,孙中山写下"推心置腹"四个字相赠,而黄兴则写下"儒侠者流"称赞宫崎,这两幅字画今天仍然保存在宫崎故居,以见证宫崎与孙、黄二人的友谊。

后来居上

这是孙中山1912年为故乡翠亨学校的题词。孙中山先生曾多次指出,中国应当也一定能够"后来居上",成为世界上最进步的国家,使中国人民永远过着幸福的生活。他的这个信念表达了中华民族的心声,至今还鼓舞着我们。

治本于农

中国自古就有"治本于农,务兹稼穑"的警训,农业乃国之根本。孙中山出生于贫农家庭,十分重视农业问题,将"平均地权"列为立国之策。

造路救国

这是孙中山给南洋路矿学校的题词。1912年4月,孙中山辞去临时大总统职后,便致力于规划铁路建设,认为要振兴实业,就要发展交通,而在所有的交通计划当中,以铁路最为重要。孙中山曾拟于十年内建筑20万里铁路,使中国成为最富强之国。

中山碑廊

天下为公

孙中山认为孔子所说的"大道之行也,天下为公"就是他所主张民权的大同世界。他认为国家是人民所共有,政治是人民所共管,利益是人民所共享。孙中山把"博爱"、"天下为公"、"世界大同"视为终生为之努力奋斗的理想,除了不断的理论宣传和毕生的实践以外,他还通过题词作为手段和形式,使他的公天下精神和博爱思想得以广泛传扬。孙中山的这些思想逐渐为国内外主张自由、民主、平等、博爱的有识之士所认同。总统府大堂高挂的"天下为公"匾额,为2007年仿制。

曾悬于大堂的"天下为公"匾

41 黄兴断指之谜

过去一般认为黄兴是在黄花岗起义中伤断手指,并因此与徐宗汉结下姻缘。"革命的先行者孙中山"展览"就职场景"中,黄兴的右手食指只有半截。

但据曾任总统府侍卫长、留守府中校侍从副官的郭汉章回忆,黄兴的手指不是在黄花岗起义中所断,而是在总统府内。中华民国南京临时政府成立后,在总统府任卫队长的郭汉章随侍孙中山先生,不离左右,经常与任陆军总长的黄兴接触,并多次握手,并没有发现黄兴右手缺少指头,其左手亦是五指齐全。孙中山先生辞去大总统之职,黄兴改任南京留守,总统府改为留守府。1912年6月初,已值初夏,黄兴在办公室与蒋作宾及徐宗汉的两个弟弟徐少秋、徐老六(排行老六,名字不详)等人谈话,黄谈至兴奋时,离座起立,挥其右臂做手势,不意右手指误入旋转的电扇之中,手指断去半截,黄兴当即晕倒。郭汉章恰好在场,抢步抱住黄兴扶到沙发椅

黄兴像

黄兴在西花园假山留影

1912年4月6日,黄兴与南京留守府官员在大堂前合影

上。当时黄兴血流不止,面色惨白。郭急唤军医赶至急救,旋渐康复。事后,南京曾有民谣:"黄留守,守不住自己的手指头"。

两种说法,前者为众人所云,后者为郭汉章亲身经历。笔者认为断指在起义中为革命传奇,引出姻缘则更不失千古佳话。但不见得英雄的每件事情都来得壮烈感人,黄兴断指应在总统府内。

中华民国南京留守统辖南方各军之关防

江苏讨袁军总司令关防

黄兴之印

克强所作

42 城头变幻大王旗

袁世凯对黄兴留守府的"阳奉阴为"大为不满。1912年4月13日,袁世凯任命程德全为江苏都督(驻苏州)。程德全对袁世凯惟命是从,6月14日,袁世凯以"有碍行政统一"为由撤消留守府,并命程德全入驻成立江苏都督府。此时的程德全已今非昔比,他剿灭了北伐先遣团,裁减了革命党武装,致使革命党人损失严重。

1913年7月12日,"二次革命"爆发。15日,黄兴占据江苏都督府,在孙中山临时大总统办公室宣布江苏独立,成立"讨袁军总司令部,并亲任总司令。一时间革命势头再次崛起。狡猾的程德全潜逃后,苏军将领章梓代理江苏都督。

程德全的变卦,使讨袁形势突变。黄兴自杀被劝后,于28日离开南京,"二次革命"宣告失败。群龙无首,南京城内再次混乱。8月8日,驻扎苏北的何海鸣赶回南京,拉起残军重举义旗,占领都督府,自称讨袁军临时总司令。几番起伏之后,讨袁残军内部又起纷争,终于抵挡不住袁世凯麾下大将冯国璋、张勋的攻击。何海鸣在出逃前,竟向江宁绅商强行索银7万元,可见其"革命境界"不是很高。

袁世凯深知南京战略地位的重要性,下令谁先攻入都督府,谁就任江苏都督。张勋立功心切,以"破城后,三日内任意行动"向部属许诺悬赏。9月1日,张勋率辫子军攻破南京城,抢占都督府,当仁不让地做上了江苏都督。"复辟狂"张勋在南京城好好过了一下"复辟瘾":都督府前的大旗杆不挂民国国旗,挂的是一个斗大的"张"字红旗;督署按清制复原,吹鼓手、炮手、捕快、差役、师爷又被请了回来,重操旧业;官场一律禁用"前清",清时官制一一恢复,厘捐总办、粮台总办、道台、知府、知县等名称又重新起用;辫子军换上清朝的蓝底制服,军令也改用清代的龙头令箭……张勋部下在烧杀中误伤了三个日本人,袁世凯迫于列强压力,不得已下令罢免

程德全像

张勋像

冯国璋像

齐燮元像

韩国钧像

杨宇霆像

孙传芳像

张宗昌像

张勋,由冯国璋接任。

1913年底,冯国璋出任江苏都督。袁世凯为拉拢冯国璋,将自己的家庭老师周砥介绍给冯做续弦,并任命冯为"宣武大将军"。1914年1月,都督府内张灯结彩,举办了极尽豪华的婚礼,在南京城内轰动一时。因为当时的省级军事行政长官均改称"将军",都督府改称为将军府。冯国璋经营江苏几年,实力大增,有时也不买老袁的账。冯国璋反对袁为称帝而接受日本的"二十一条"。袁称帝后,冯联合四省,发出"五将军密电",要求袁取消帝制,但却迟迟不见行动。袁世凯去世后,黎元洪出任"总统",冯改称为江苏督军。

1916年11月,冯国璋就任"副总统",仍兼江苏督军一职,督军府又称为"副总统府"。冯国璋在府内大谈治国之道,一副元首派头。1917年7月,张勋在北京上演复辟闹剧,冯国璋7月7日代理总统职权。8月1日,冯国璋在段祺瑞"邀请"下,北上就任大总统。已纳入自己势力范围的江苏岂容他人染指,冯国璋安排密友李纯出任江苏督军。

其后10年,李纯、齐燮元、韩国钧、卢永祥、郑谦、杨宇霆、孙传芳、张宗昌等军阀先后占据南京,有的只有短短几天,江苏督军署也因局势变化而改名为江苏督办公署、江苏宣抚使署、五省联军总司令部、直鲁联军联合办事处。南京在战火中成为军阀们争夺的筹码。1912年4月至1927年4月的15年间,伴随着国内政局的动荡,大院主官更迭最为频繁。

43 李纯的死因

李纯任江苏督军3年有余,算是雄霸江南时间较长的军阀,但却蹊跷地暴卒于署内。据当时报载,李纯在署内饮弹身亡。子弹从其右肋穿入,伤及肺部,枕头下有支勃朗宁手枪,并留下四封遗书。不久,继任者齐燮元公布遗书,李纯是因久病不愈,又无力调停国家的南北对立局面,怕贻误国家、江苏大局而"忧国忧民"自杀,并留下了五封遗嘱。

当时就有不少熟悉李纯的人心存疑云。后来又出现了李纯系情杀的说法。

李纯靠讨好袁世凯最宠爱的五姨太而成为袁的嫡系将领。1917年8月,冯国璋为了保持在长江流域的统治,调任李纯为江苏督军,并担当南北议和的北方总代表。和大多数军阀一样,李纯自上任以来,实力不断扩充,重要职务非亲即为同乡。李纯广通财路,据说他的财产有1000万元之多,还在京津一带投股经商、广置房地。李纯还嗜好鸦片,生活昼夜倒置,白天公文多由军署帮办兼参谋长齐燮元代理。

李纯因病须"安心静养、清心寡欲"而另单住三室套间,其两妻四妾,也不在一院子同住,各分住一院落。第四妾原是夫子庙的妓女,花名金铃,竟和李纯的贴身马弁小邓子长期私通。

1920年10月12日凌晨4时许,当值副官陈廷谟忽然听到后小院四姨太房中传出两声枪响,各处

李纯像

值勤马弁都闻声赶到四姨太房内,只见李纯倒在卧室大铜床边,已经气绝,地毯上满是血迹。四姨太金铃与小邓子见无路可逃,则跪在地上乞求饶命。小邓子说:"我和四姨太相好不是一天了,没想到被大帅碰见,大帅掏枪后,气得手直哆嗦,一枪没打中我,我看纰漏闹大了,终究是死,就夺下大帅小手枪,把大帅打死了……"

齐燮元接到急报赶来后说:"大帅一世英名,不能说是这样死的,也绝不能张扬出去,我们大家不是大帅的亲戚就是同乡,现在要想出一个万全的办法来。"

于是大家勒死小邓子,又假造了现场,伪造了遗书,并在复成桥南建公园并立一尊李纯铜像纪念。李纯字秀山,曾加赏为"英威大将军"。公园附近的一条街遂名"英威街",至今犹在,秀山公园现已不在了。

齐燮元如愿当上了江苏督军,后来投靠曹锟,想当副总统,抗战后,当了两年多伪"华北政务委员会"的治安总署督办兼华北治安军司令,抗战胜利后被蒋介石枪决。

李纯、齐燮元在走马灯似的军阀更换中,管辖江苏共达7年之久。从其发迹与结局,可以反映出那段军阀混战岁月的动荡和腐败。

北洋军在督军北操场(今长江后街以南一带)操练

44 中华民国国玺

1927年4月18日上午，国民政府在南京举行定都典礼。由于南京国民政府成立仓促，当时还未来得及刻制国玺，只镌刻了一方"中华民国国民政府"印，由监察委员蔡元培代表国民党授印，胡汉民代表国民政府受印。

1928年10月，蒋介石就任为中华民国国民政府主席兼陆海空军总司令。登上中国最高权力宝座的蒋介石，急需要一颗新的国玺来替换中华民国国民政府印。在他的授意下，11月2日，国民政府国务会议议决：制玉质国玺，文曰"中华民国之玺"。后来又规定了国玺的尺寸、形状。由于一时缺乏荆山之玉，只好留待日后制作。

蒋桂战争爆发后，陈济棠公开支持蒋介石，蒋介石遂委陈济棠为广东特派员，将两广大权交给了陈；令其"随即返粤，不必入京"。陈济棠受宠若惊，对蒋介石的知遇之恩感激涕零，但不知道该怎样

南京国民政府成立时合影

回报蒋介石。于是他专门咨询古应芬。古应芬告诉陈济棠：蒋介石亟需一颗国玺，但没有合适的印材。

陈济棠立即派人去缅甸，终于寻到一块上好的青翠玉石，以9500元大洋的高价将其购回，并托国民政府文官长古应芬带到南京，献给蒋介石。蒋介石请玉石专家鉴定，果然是块稀世珍宝，决定以此制成国玺，遂将这块缅甸玉石交给印铸局局长周仲良，让其负责刻玺工程。

周仲良专门组织了一套人马，自己亲自督制，王褆负责监工并篆文。王褆是民国时期著名的书法家，西泠印社的创办者之一，凡钟鼎、籀书、隶书、楷书无所不精，尤通晓治印。民国初年，王褆曾

中华民国国民政府印

中华民国之玺

民国国玺

荣典之玺

在北京政府印铸局任技正,袁世凯的"中华民国之玺"六个篆字,就出自他的手笔。

　　此次,王禔使出浑身本领,书写了"中华民国之玺"几个字,与北京政府的玉玺篆字风格有异,更见功力。刻玺工程从1929年7月1日开始,到10月9日国庆前一日琢刻完竣,成为向双十节献的一份大礼。南京国民政府的这枚国玺,比北京民国政府的国玺略有扩大,边长为13厘米,更显厚实庄重,主要用于国内及外交事务文件的签署。

　　国玺是表示国家最高权力的信印。此外,还有一枚羊脂玉打造的"荣典之玺"应该算不上严格意义上的"国玺",它是由新疆省政府1930年7月采献,1931年元旦蒋介石亲自受呈,并于同年7月1日启用,为国家元首颁发勋章褒奖令之用。1948年5月20日,蒋介石就职总统后,特由典玺官专司保存这两枚印玺。

　　1949年4月23日,李宗仁带着中华民国之玺逃离南京后,辗转去了广州,后去了重庆。蒋介石欲利用桂系的力量上台,请白崇禧说服李宗仁共推蒋介石重新出山,遭到李宗仁拒绝。但是后来那两枚印玺还是被蒋介石带到了台湾。

45 大门向北的国民政府行政院

国民政府行政院成立于1928年10月,院址一直在东箭道19号(当时称为国民政府东院),在此地担任过行政院正、副院长的有谭延闿、冯玉祥、宋子文、蒋介石、陈铭枢、汪精卫、孙科、孔祥熙等人。直至1937年11月,日军占领南京,行政院迁至重庆,原址则成为汪伪政权交通部、铁道部办公地点。1946年5月国民政府还都南京后,行政院迁至萨家湾原铁道部大楼办公,东箭道改为行政院下属部、委(社会部、地政部、水利部、侨务委员会)的办公地。

据记载,行政院成立之初,划国民政府东偏一部为院址,而后在此范围略有扩大。俗话说衙门八字朝南开,而行政院正门朝北,这在我国重要政府机关中不多见,这是当时行政院所处的地理位置局限所致。国民政府(后称为总统府)、参谋本部正门向南,占据了国府马路(今长江路)以北的全部区域,而东面东箭道上的那条

行政院北楼

行政院北楼内景

贯穿市内的铁路,限制了办公区域向东和向北扩展。尊为五院之首的行政院,为了毗近国民政府办公,只好被安置于东北一隅。行政院大门其实并不是面朝正北,而是略微偏东,准确的说是面朝东北。在风水上,东北向是仅次于东南的好方位,这在朝向上也是没有办法的办法了。东箭道的道路毕竟不如国府马路宽畅,车辆往来有所不便,于是不久,在大门以东不远的东墙就又开了东门。这

行政院东门

两门建筑均颇具特色,现保存完好。

行政院原来只有建于20年代的北楼一座、礼堂一所及职役宿舍各数十间,因事务不断增加,办公场所显得不足。于1933年呈准国民政府,将参军处与行政院毗连的一块地面(参军处清洁队、国府音乐队等房屋用地)划归行政院新建办公楼。新办公楼于1933年9月动工,由建外交部大楼的建筑师赵深设计,为西式两层楼房,二楼东有狭窄楼梯可上屋顶,一楼东部还有地下防空洞。1934年6月,行政院南楼建成,重要办公机构也从北楼迁到南楼。当时建楼连同水电暖气家具设备等均系投标决定,同期还在大门正对面修建了照壁,照壁解放后拆除,其他的房屋建筑现在大多数尚存。当时"总用洋十四万六千六百元"。

1934年6月29日下午4时,行政院秘书处特为首都新闻界就行政院新建成办公楼及其他设施,举行了招待参观会。而后,记者们依次参观了办公楼的各个房间及新修建成项目。一时间,多家媒体都作了新闻报道。

行政院南楼陈设是按照上世纪30年代初风格场景复原。一进正门,首先映入眼帘的是孙中山像和遗嘱,庄严肃穆。一楼西端为会议室,约120平方米,居中的长会议桌上布置整齐简朴。玻璃

行政院南楼

行政院南楼西会议室

笔台、案卷、蘸水笔是根据当时文物复制；天蓝色玻璃杯是标准的三四十年代韵味；桌上的院长用杯是一长筒白玻璃杯，那是为"倡导新生活运动"的蒋介石准备的。会议桌四周圈椅的椅架是不锈钢的，这在当时是很时髦的。浅黄、妃红的双层窗帘，三球为一组的白色吊灯，木质扇叶的黑色吊扇，四角置有各色盆景的花架，使得会议室富丽中带有庄严。

二楼西头，即一楼会议室楼上，分而为三，北为院长室，中为正、副院长会客室，南为副院长室。院长室居北，原因有二：一是正门在北，北为正位；二是院长常不在此办公，副院长常在此办公主事。正、副院长室居西，是因为东边的铁路和国府火车站嘈杂。院长室面朝西北，与国府办公楼的主席办公室正好隔墙相望。现在的院长室是按照蒋介石任职时场景布置的。老式圈椅、布质沙发、衣帽架、收音机、台钟、铜笔架、线装书、申报合订本等一应俱全。房间西北角还挂有孙中山先生所赠的"敬静澹一"条幅，与条幅不远处则挂有孙中山与蒋介石的合影。

副院长办公室光线充足，推开钢窗，清风阵阵，难怪当年前来采访的记者就发出过"院长室不及副院长室好"的感叹。副院长室内陈列是按照喜好书法的孔祥熙办公时场景摆设的，西南角挂有其手书条幅"声应气求"，当然，留过洋的孔祥熙书橱中也不乏英文

副院长办公室

书籍。正、副院长室的吊扇与其他房间也有不同之处,为莲花瓣底座。此外,其他场景复原的房间还有一楼的会议休息室、秘书室、接待室、资料阅览室、总办公厅(稽核室),二楼的秘书长室、秘书长会客室、政务处长室、秘书室、参事室等,展出的展品有:老式牛皮沙发、茶几、大衣架、电扇、老式打字机、台灯、中华统合图、1937年11月中日战事态势图等,可谓是形式多样、丰富多彩,给人以身临其境的感觉。三台老式挂钟将时间定格为十一点零五分,不禁使人联想到1937年11月16日深夜,行政院官员们在日军大兵压境形势下,紧急会议后匆匆离开、人去楼空的情形。

东箭道原行政院区域占地约12000平方米。解放后到上世纪70年代中期,这里一直作为南京军区空军司令部招待所,而后转让给军工七一四厂(现熊猫集团),办公楼一度成为工厂厂房,2000年并入扩建的南京中国近代史遗址博物馆。

46 "行政院"三字何人题写

行政院正门（北门）的隶书"行政院"三字是谁题写，现无定论。

当时国民党四大书法家中，擅长隶书的是胡汉民。那么，北门上行政院三字会是胡汉民写的吗？凭胡的地位以及与时任行政院院长谭延闿的关系，完全有这个可能。现在行政院北楼及北门上的"行政院"，是根据图片复制的，已经失去不少原有神韵。

新建成的行政院北门

行政院北楼

"国民政府"四字谁人题写

"国民政府"匾额的制作,颇有一番过程。这块匾额,在当时非一般人能写,必须请名家担纲,字体也以楷书为宜。经过国民政府秘书处人员磋商,认为无论是资历,还是书法造诣,时任国民政府委员的谭延闿最为合适。谭延闿欣然提笔,此乃盛行一说。

还有一说,当秘书处的人员将此意告诉谭延闿时,他却说,他的字不如弟弟写得好,弟弟在上海卖字,你们找他去写吧。谭说的这位弟弟叫谭泽闿,字写得确实好。

原来,谭氏兄弟的父亲是清末大官僚谭仲麟,做过陕甘总督和直隶总督,与光绪皇帝的老师翁同龢颇有交往,常有书信往来,还互相馈赠食品,收礼后都写回据。

翁是当时最有影响的书法家,求他的字很难,谭仲麟很珍爱翁的字,将翁的信笺和回据都妥善收集起来,并让两个儿子临摹学习。

两个儿子学得翁体真髓,书艺大进,都成了书法家,但后来谭延闿做了官,研究书法的时间少了,而谭泽闿却一直悉心攻研书法,所以书艺超过了谭延闿。上世纪20年代,谭泽闿来上海挂牌卖字,成了一名专业书法家。

国民政府秘书处的人员到上海找到谭泽闿,请他写了"国民政府"四个大字,回南京后,将题字制成匾额挂在国民政府大门之上。国民政府秘书处付给谭泽闿酬金4000元,谭泽闿的字真成了名副其实的"一字千金"。

后来,这四个字用金属制作,镌于一块有水泥边框的"匾"上,字和匾的表面都贴了金,远远看去,闪闪发光。这块匾一直挂到南京沦陷,才被日伪政权铲去,挂上了汉奸文人江亢虎书写的"中华民国维新政府",四周也镶有边框。1945年抗战胜利后,"国民政府"匾额已不知去向,就用紫铜另制四字挂在门楼上,"国民政

抗战前的国民政府门楼

还都后的国民政府门楼

府"四字也就无框了。

　　这一次挂上去的"国民政府"四字,已不是1937年前的那四个字了,边框也没有了。稍加注意就会发现前后两次的"国民政府"四字,是两种风格。如"民"字,前有一"、"而后无。后来的"国民政府"四字,有点蒋介石手迹风格。但何人所书,尚不确定。

48 差点娶了宋美龄的国府主席谭延闿

谭延闿是个地道的"高干子弟",但无纨绔之风。谭家世居湖南茶陵。谭延闿从小聪明好学,潜心读书。1897年,他就考中举人,后中会元(会试第一名)、进士,为翰林院庶吉士,回到长沙后担任中路师范监督、湖南教育会会长、咨议局局长等职。谭延闿从外表给人的印象是一个温和敦厚的读书人,但实际上他城府极深,还是一个神枪手。

谭延闿像

一、能骑善射的文人

1911年辛亥武昌首义。革命军推举革命党人焦达峰为湖南军政府都督、陈作新为副都督。湖南的君主立宪派借口"民国成立,应当提倡民治",于次日成立湖南参议院。谭延闿被推举为参议院院长,议员多为咨议局议员。军政府的新章程规定:都督命令必须由参议院同意才能签发生效。

谭延闿密使新军师长梅馨于10月31日煽动部分士兵制造兵变。陈作新、焦达峰两人先后被乱枪打死。梅馨等五个师长为夺帅印互不相让,参议院遂推谭延闿为湖南都督。谭延闿装出一副被胁迫不情愿的样子,被八名军士连推带请,如愿以偿地坐上了湖南都督的宝座。而私下里,骄兵悍将们却称谭延闿为"谭婆婆",讥讽他不懂军事。

一日,谭延闿邀请各师师长及其卫队军官们到进行赛马。将领们见黑粗大胖的谭都督在卫兵的搀扶下上了马背,便纷纷讥笑,有意看其出丑。一声令下,几十匹马奔腾向前。规定要跑完50圈,当10圈跑下来,只见谭延闿的马不快不慢,夹在中间;又跑了

10来圈,只见不少军官已累得气喘吁吁,陆续退了出来,谭都督却后来居上;到50圈时,只剩下一匹大白马仍在风驰电掣,那马上端坐的竟是"谭婆婆"。有人提出比枪法,成心想出谭延闿的洋相。谭延闿慢慢吞吞地接过手枪,略一瞄准,只听见"啪啪啪啪",一连放了十枪,枪枪命中靶心。湖南将领缩脖伸舌,面面相觑,始知谭延闿高深莫测。原来,谭延闿早年经常随父亲骑马打靶,天长日久,就有了一些功夫绝技,但外人都不知道。

二、孙中山欲结为连襟

孙中山就任广州大本营大元帅时,谭延闿被任命为内政部长,与总参议胡汉民整天形影不离地跟随孙中山。一天,有一位湘籍军官口称有机密禀告,要求单独与孙中山密谈。谭延闿就与胡汉民进了内室。不料来人大骂谭延闿两面三刀,滚来滚去,无信仰,不可靠。足足骂了一个多钟头,连胡汉民都听得咂舌摇头。而谭延闿始终镇定自若,面不改色,事后也不辩解,竟和平常一样,令胡汉民大为佩服,逢人便称赞谭"每临大事有静气",具有"中和"之风度。孙中山认为谭延闿不喜与人敌对,且大人大量,就和宋庆龄商量,打算将待字闺中的小姨子宋美龄介绍与谭延闿续弦为妻,一来可结秦晋之好,二来可以加强革命力量。

1928年,谭延闿与蒋介石、于右任、张静江等人在国民党二届四中全会合影

谭延闿深悉"窈窕淑女,君子好逑"之理,也懂得"螳螂捕蝉,黄雀在后"的危险。谭延闿已从蒋介石对宋美龄的灼灼目光中猜出几分,不愿和这位黄埔新星做情敌。于是他笑说:老夫已经四十四岁,可做美龄的父亲了。老谭又一想,宋美龄是孙中山

的小姨子,就认宋母为干娘,使宋美龄成了自己的干妹妹。谭延闿头脑冷静,不乱方寸,从容渡过美人关。

果然,孙中山逝世后,蒋介石捷足先登,排挤了政敌胡汉民和汪精卫,而对老谭却网开一面。谭延闿凭着老到的处世经验,在蒋介石、张静江的"抬举"下,成了代理广州国民政府主席。

三、药中甘草

1926年底,国民政府迁往武汉。不久,蒋介石在上海发动"四一二"反革命政变,屠杀工农,屠杀共产党人,又在南京另立山头,成立南京国民政府,与谭延闿、汪精卫为首的武汉国民政府分庭抗礼,造成宁汉分裂的局面。胡汉民这时帮了老蒋,而孙科、宋子文却站在汪精卫一边。谭延闿一面以"左"派出现,甚至改号为"左庵",与工农广泛接触,并在武汉与南京密切联系,八面玲珑,一时间大受两边欢迎,成为宁汉争相拉拢的对象,落有"药中甘草"雅号。

当时,武汉国民政府厉兵秣马,顺江而下,准备东征,讨伐南京!孙传芳的大军直逼江岸,借机卷土重来。此时,南京的蒋介石处境尴尬,内部又遭桂系李宗仁、白崇禧的"逼宫",他不得不宣布下野。在这关键时刻,谭延闿又发挥了"甘草"作用,化解宁汉矛盾,捐弃前嫌,促成"宁汉合流"。谭延闿成为新成立的国民党中央特别委员会的核心人物,后来成为首任国民政府主席,继而退任行政院长。

四、英雄难过"美食关"

谭延闿能过"美女关",却过不了"美食关"。谭延闿好美食,即使行军打战,也要有好几个担菜挑子随侍听候吩咐,两名专做海味和湖南菜的厨师更是到哪都带在身边。谭延闿是曲园酒家的大股东,招牌就是他亲笔题写,当然也是曲园酒家的常客。谭延闿还专挑好的吃,尤好鱼翅,高血压、高血脂、高血糖都一并上身。当年医学欠发达,保健条件跟现在没得比。日复一日,年复一年,吃出大病,可是他自己却不知道。他吃得黑胖,还认为有营养,打着哈哈说:"别看一身肉,骨髓都是满的。"

1930年9月21中午,谭延闿吃了一桌鱼翅大餐,酒饱肚圆之后,又到东郊马群去观马。途中头部剧烈疼痛,急唤司机返回中山东路的中央医院,待车开到中山陵,谭延闿还勉强开玩笑:"总理不会等我去吃粤菜吧?我吃不惯!"司机急忙将车开回成贤街官邸,中央医院最高级的大夫赶来,诊断是猝患脑溢血。

蒋介石闻讯而至,谭延闿已不省人事。蒋介石深知谭延闿在党内和政府中的"中和"作用,当即命令不惜一切抢救。但到次日,谭延闿溘然长逝,享年52岁。

谭延闿生前不仅落下"药中甘草"的别号,还因为政治上恪守"不负责、不建言、不得罪人"的"三不主义",而落下"混世魔王"与"水晶球"的诨号。老友胡汉民为谭撰挽联:"景星明月归天上,和气春风生眼中。"以此称赞谭延闿的中和之道。上海某小报刊登一对联勾画谭延闿一生之特点:"混之为用大矣哉!大吃大喝,大摇大摆,命大福大,大到院长;球的本能滚而已!滚来滚去,滚入滚出,东滚西滚,滚进棺材。"将"混世魔王"和"水晶球"嵌入联中称妙绝。

谭延闿死后,九一八事变爆发,汪精卫北上南京,与蒋介石合作,做了行政院院长。谭延闿所用的人,都相继被换掉。

国民政府1930年元旦合影时,谭延闿任行政院长,居中而坐的则是国府主席蒋介石。

民国四大书法家

自民国以来,在国民党内身居要职,在书法艺术上同时也有极高造诣之人有不少,其中尤以谭延闿(楷书)、胡汉民(隶书)、吴稚晖(篆书)、于右任(行书)最为突出。此四人的书法成就足以与当时最优秀的书法家相媲美,并称为民国四大书法家。

一、擅长楷书的谭延闿

谭延闿享有民国四大书法家之首的美誉。他的字亦如其人,有种大权在握的气象,结体宽博,顾盼自雄,为世人所叹为观止。谭延闿是清代之后又一个写颜体的大家,可以说他一生基本都在专攻颜书,颜体楷书名满天下。"国民政府"、"行政院"等政府匾额都出自于谭延闿之笔。谭延闿亦善诗联,擘窠榜书、蝇头小楷均极精妙。现在南京中山陵碑亭内巨碑上的"中国国民党葬总理孙先生于此"两行巨大金字,即为谭延闿手书。

谭延闿有幅对联可见其胸襟:"不好名马非英雄,要与秋虫斗方略",上联自述喜好宝马名驹,善骑射,下联是向蒋介石和其他国民党政要表明,我的才智都在斗蛐蛐上,不与你们钩心斗角,你们也不要拿我当政敌。谭延闿的楷书一流,尤其是临摹颜真卿"麻姑山仙坛记"堪称绝顶。

世人对他褒贬不一,有人称他为"民国完人",说他是"休休有容,庸庸有度"的大政治家,有人称他为"党国柱石"、"药中甘草",也有人说他是八面玲珑"水晶球"、"美食家"。

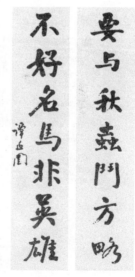

谭延闿书法

二、擅长隶书的胡汉民

胡汉民好隶书,亦擅行书。《民国书画家汇传》称其"工书、能诗、善文词。书精《曹全碑》,所作隽逸浑厚,人多重之……"《曹全碑》是汉碑代表作品之一,其结体飘逸,匀整秀丽,人们誉它像"风流自赏的三河少年,文雅可爱的兰闺玉女",是汉隶中用圆笔的典型作品。胡汉民深得《曹全碑》跌宕秀美、飘逸飞动之韵。落笔藏锋逆入,行笔竖锋入纸,笔势匀称,笔笔到位。其能掌握住纯用圆笔,故笔画凝重圆润,笔长而势足。郑逸梅《艺林散叶荟编》有载:"胡被禁释放,新闻记者纷纷访问,汉民以所作楹联遍赠之。"又云:"胡展堂(胡汉民)擅写《曹全碑》,实则其行书殊佳胜。"

胡汉民工隶书,在书法上获得了相当高的成就。有论者赞他:"胡汉民,工书法,清挺峻拔,能合褚遂良、米芾为一体。晚工曹全碑,极神似,集字为诗如己出。"其传世作品有临摹《曹全碑》八条屏等,南京中山陵大厅正面壁上阴刻的《总理遗嘱》巨幅匾额,亦为胡汉民手书。

胡汉民是国民党内反蒋派的代表人物。孙中山北上"共商国是",把大元帅之职交给胡汉民代理。孙中山逝世后,大元帅府改组为广州国民政府,采取委员制,汪精卫、胡汉民、廖仲恺三人共同领导党政军大政。1925年8月,

胡汉民像

胡汉民任外交部长时在汤山休闲

廖仲恺被暗杀,蒋介石、许崇智等人负责调查"廖案",发现胡汉民之弟与此案有牵连,胡难脱干系,只得卷铺盖走人。1926年蒋介石发动"中山舰事变",汪精卫一气之下远赴法国。这样,汪、胡、廖三座大山都被搬开,蒋介石就开始一步一步登上最高权力宝座。1927年,胡汉民从海外归来,与蒋介石共同建立南京国民政府,后任立法院院长,想用法律限制独裁,最后变成蒋介石的阶下囚。

三、擅长草书的于右任

于右任一脸大胡子,有1.68尺长,晚上睡觉时,要专门打结放好方可入睡。于右任因此落得"美髯公"的雅号。于右任擅草书,首创"标准草书",被誉为"当代草圣"。于右任1932在上海创办标准草书社,以易识、易写、准确、美丽为原则,整理、研究与推广中国汉字的草体书法,整理成系统的草书代表符号,集字编成《标准草书千字文》。著名将领张灵甫就是于右任的弟子,得到其真传。于的楷书也十分俊朗,但缺乏遒劲粗犷的阳刚之气势。于右任在书法和诗词方面都有相当高的造诣,其诗不事雕琢亦别有情趣。

国民政府定都南京后不久,于右任驱车前往灵谷寺游览。住持与善和尚热情接待,大谈济公活佛的种种灵异。于右任抚须而听,不时露出微笑。与善大和尚感觉很好,认为遇到了知音,拿出纸笔请留墨宝,于欣然立挥一幅联云:"胜地开灵谷,高僧有志公。"与善大和尚十分高兴,精裱后悬于寺内龙王阁中,阁中原有楹联只好让出位置了。不料几年之后,有人以此联开了个玩笑,说髯翁的书法以龙飞凤舞、引人入胜见长,但此联书法却显得无精打采,有如懒蛇等等。这事很快传到于右任耳中。如果换作他人,以堂堂院长之尊,受此奚落,难免怒火中烧,而于右任却是有涵养的人,当下未加表态,旋驱车赶至灵谷寺,对此联端详许久后,让与善取下对联。与善愕然请问缘故。于右任轻

于右任像

轻地说道:"你不懂,以后我再用心写一幅给你。"

1948年,于右任参加"副总统"竞选。其他候选人又是包饭店请吃喝,又是招待看电影送礼品。只有于右任招待活动最少,请了一两次客,便支持不住了。于右任没有办法,只得在国民大会堂前摆上一张八仙桌子,有人开玩笑说:"于大胡子,人家几十桌、上百桌的开席,你这一张桌子打算请几个人?"于右任微笑着铺纸研墨说:"谁投我一票,我给谁写上一副对联!"于右任精书法,早在20年代便有"北于南郑"之称,"南郑"指郑孝胥。于右任在八仙桌前,只要有人来求字,就挥毫写上一幅,一天下来,竟然也有不少支持者排队求字,把他累得头晕眼花。现在看来,于老的墨宝价值是远高于其他三人的招待,但在当时却不然,选举结果可想而知,于右任和两位党外人士第一轮就被淘汰出局。于右任落选后,继续担任"只拍苍蝇,不打老虎"的监察院院长。

南京的"盛锡福"和"马祥兴菜馆"均为于右任题署,但现在已经找不到原迹了。

四、擅长篆书的吴稚晖

吴稚晖,又名敬恒,参加过康有为、梁启超的公车上书活动,主张维新,推行新政。曾东渡日本,西至英法,后追随孙中山,加入同盟会,投身辛亥革命;也支持过蒋介石的内外政策。他比孙中山大1岁,长蒋介石22岁,是国民党执政时期的最年长者之一。

吴稚晖自幼学习大篆,是当代无敌的篆体家,他青年时期字就已经写得很好了。吴稚晖的石鼓文写得线条静穆,结体安然,好像没有那种跳跃性的躁动感,而且其落笔清新干净,线条在平直中略带一点弯曲,使得字又生动灵活起来,通篇观之,则别有情趣。

清末时,有一次江苏学政坐着大轿经过孔庙,在下马碑前没有下轿,

吴稚晖像

恰好被吴稚晖看见,他气愤地拾起砖石向轿中乱掷,弄得学政十分狼狈。差役将吴稚晖捉住,转送南菁书院。当时山长(院长)是著名经学家黄玄同,这位老夫子对吴稚晖的尊孔精神颇为欣赏,从轻发落,只给予羁押三天、游街示众的处罚。学政也怕事情闹开有"非圣蔑贤"的坏名声,只好说了几句严加管教之类的话,便不再深究了。不过此事之后,无锡人背地里称他"吴疯子"。

吴稚晖十分幽默,他曾笑析自己清代中举的原因:"这个举人是我骗来的,因为我写的文章不长,但是全部是用大篆写的,所以科举考官看不懂字,但觉得字写得很好,就把我录取了。"吴稚晖官衔很多,但绝大多数是挂名的虚衔。他曾笑侃道:"开大会,把我这个所谓'元老'请上主席台,照相让我站在前排,很像无锡惠山泥人'大阿福',放在橱窗里摆摆样子。"

抗战时期,吴稚晖在重庆生活困难,便在重庆《中央日报》上登了则广告,表明开始鬻字(卖字)。直到抗战胜利,回到上海时,还是生意兴隆,被人戏称为"书画托拉斯"。他卖字得润笔金五六万之巨,生活水平大有提高。可是到1948年通货膨胀,法币贬值,兑换成金圆券,不久又雪崩几成废纸。外界对吴的篆书评价极高,他自己却并不十分认同。就像自嘲自己的文章是"狗屁文章"一样,认为当年考举人用篆书写诗骗骗主考先生而获名,现在写字收人钱真有点不好意思。

吴稚晖虽以篆书见长,但他常在国民政府重要合影中用楷书题写标题。"中华民国总统副总统就任摄影"就是吴稚晖所题。这可能是因为谭延闿已经离世,而没有比吴稚晖再合适的人题写。

50 草草收场的编遣会议

国民党二届五中全会以后,蒋介石想利用组织政府的机会"削藩",表面上对各实力派首领封官晋爵,调到中央供职,实际上是为了裁减地方部队。经过积极准备,于1928年双十国庆前,公布了任职名单,蒋介石为国民政府主席,冯玉祥任军政部长,阎锡山任内政部长,李宗仁出任军事参议院院长,并要求他们就任后,长期驻在南京。各实力派的首领虽然在中央被封了官,但有职无权,都不怎么高兴。

蒋介石准备召开全国编遣会议,但没人积极响应。只有冯玉祥对编遣会感兴趣,他于10月3日先于别人到达南京,想要利用编遣会议实现他的裁军计划。阎锡山却抱定老主意,极力保持既得实力,任凭蒋、冯去争吵。他可以利用各方面的矛盾,坐观成败,从中取利。由于阎锡山打了这个算盘,因此在冯玉祥南下的时候,他强调负有卫戍平津的重任,必须稍作逗留,后来又突然折回山西老家,借口侍奉父病。老奸巨猾的阎锡山怕中蒋介石的调虎离山

蒋介石与冯玉祥、阎锡山合影

之计，说什么也不肯离开自己山西老巢一步，他保荐赵戴文担任次长，行使内政部长职权。李宗仁于10月12日悄悄离开南京返回武汉。

蒋介石在各派之间极力进行挑拨与拉拢。他对冯玉祥说："希望大哥首先入京供职，以后中央的事务，我当一切听大哥的，只有大哥到南京，接受中央的职务，阎、李他们便不敢不来，大一统的新中国等于是大哥的。"冯玉祥被蒋介石的花言巧

李宗仁像

语所迷惑，到南京后，一面接受行政院副院长和军政部长职务，同时参加了编遣会议。

蒋介石又派何应钦专程赶到山西，对阎锡山花言巧语说，蒋准备要他担任编遣委员会经理处主任。阎锡山听何应钦这么一说，很高兴，于是便带了护兵和随员到南京参加编遣会议。但是，阎锡山比冯玉祥要鬼得多，对蒋介石封官许愿等一套政治手腕十分警惕，连对他去南京一路行程的安全问题都很注意。他知道一出山西便不是阎锡山的天下了。

各派首领到达南京之后，首先为编遣的裁留标准问题进行紧张的活动。蒋介石实行以派制派的方针，在各派之间进行挑拨与拉拢。他热情地单独邀请冯玉祥去南京郊区的汤山温泉洗浴，假意尊重冯玉祥，几次敦请他先提出一个裁留标准与方案来。冯禁不住蒋的劝说，把他的"三有三无加齐全"主张全盘地端到预备会议上。按冯的裁留方案执行，蒋、冯军队编得最多，因而引起其他各派的猛烈攻击，蒋介石对冯的提案不置可否，只是强调要大家讨论，却在暗地里通过何应钦数次请阎锡山到家吃饭，对阎显得格外亲热，希望由阎提出"第一、二集团军各编十个师，第三、四集团军各编八个师，杂牌军编六至八个师，由中央处理"，与冯案一起讨论。

1929年1月1日,全国编遣会议正式开幕。国民党中央执监委员、各集团军总司令、总指挥等60余人参加。全体与会者首先向孙中山像作忠诚宣誓。蒋介石代表第一、二、三、四集团军总司令致答词,他冠冕堂皇地说:"统一后,军人惟有编遣始能自救救国。否则拥兵自相残杀而已。"这个宗教仪式般的开幕典礼,是蒋介石精心导演的以党权压派权的开始。

会上的争斗十分激烈,蒋介石不表态,一任各派争吵,而他却在各派争吵之中,采取会下拉、会上逼的办法,让各派就这两个方案表态。于是,大家相继发言,多数赞成阎的提案。最后,在阎案上加以修改确定全国设八个编遣区:中央直辖编遣区、海军编遣区、第一编遣区(蒋系)、第二编遣区(冯系)、第三编遣区(晋系)、第四编遣区(桂系)、第五编遣区(东北军)、第六编遣区(川、康、滇、黔各军)。结果蒋介石以分区编遣为名,控制了中央、海军、第一、第六共四个区,是最大受益者。会议通过了《国军编遣委员会进行程序大纲》。规定全国军队一切权力改归中央;正式取消国民革命军总司令部、各集团军总司令部;各军静候原地改编;各军官静候改编委任;各集团军无权自行调动与任免军官。至此,阎、冯、桂各系及李济深等人才恍然大悟,原来他们都中了蒋介石的圈套,于是他们由互相攻讦,转为相互同情,一起设法抵制编遣会。因而,在会

编遣会议合影

议的最后阶段,各实力派的首领都沉默无语,消极抵制。冯玉祥称病请假离开,只派代表出席。明争暗斗的马拉松式编遣会议终于在1929年1月26日草草收场。

"总统府史料展"第二展室中的"国军编遣委员会大会闭幕合影",就是当时会议代表在总统府礼堂西侧暖阁(后于1929年改建)所摄。前排就座的李宗仁、戴季陶、冯玉祥、胡汉民、蒋介石、阎锡山、李济深、孙科、何应钦、朱培德、宋子文等人表情各异,胡汉民当时对蒋支持很大,从照片上可以看出冯玉祥的憨直、阎锡山的狡猾、李宗仁的深邃及蒋介石的踌躇满志。这照片"摄于1月25日",是在初次会议,到会人员较齐、还有些兴致之时所摄。后来,冯玉祥等人已经离京,情绪低落的众军阀们哪里会还有兴致合什么影。

编遣会议激化了蒋介石与各地方实力派之间的矛盾。地方实力派的首领们认识到蒋介石不把他们搞垮,是不会善罢甘休的。因此,不等会议开完,即纷纷返回原地,准备与蒋介石重新较量一番。会议没有编遣结束,倒是拉开了"蒋桂战争"、"中原大战"的序幕。

中原大战前,冯玉祥的部队整装待发

51 总统府门楼和照壁

　　1928年10月，时任国民政府主席的蒋介石，接受外交部长王正廷"将旧督军署大门拆除，重建新门以壮观瞻"的建议，重建总统府大门并于次年建成。新建的大门建于太平天国天朝宫殿的真神荣光门、清两江总督署以及旧督军署大门基础之上，是西式两层门楼，造型严谨，采用当时最新的钢筋混凝土结构。南面八根古罗马爱奥尼柱紧贴门壁，柱头上雕有精致的卷涡纹样，一楼向南开有三樘拱形大洋门，外圆内方，中门略大。门拱中心嵌有拱心石，上端凸显巴洛克装饰的线脚和砖石线条，整座门楼厚实坚固，宏伟气派。在这典型的西方古典门廊式大门前，还保留了一对中国府衙门前常有的石狮子，如此"中西合璧"以至没有"数典忘祖"。

　　1929年大门建成后，对面的两江总督署时期的中式照壁显得又破又矮，与西式大门极不相称协调。于是，国府参军处又"不得

总统府门楼"斜立"在长江路边

摄于本世纪初的照壁

不"追加预算,要求改造照壁。但为了赶工省钱,就原封不动地在旧照壁上加高数米,并在其立柱上端、顶部、下端等处加以巴洛克图案雕饰。如此中国传统布局与西洋建筑装饰式样相结合的做法,也算是洋为中用的创举。西式大门与中国传统照壁半个多世纪以来相映成趣,这一中西合璧组合已经成为总统府的建筑标志。

总统府门楼和照壁与道路约夹成15度斜角,东阔西窄。门楼立于路北,略呈东南向。门楼旁的围墙也是东阔西窄。总统府的大门歪了吗?

总统府门前的长江路,在清代因两江总督衙门而名为都督街。1931年至1934年拓建后取名为国府路,抗战胜利后又改名为林森路。这条路并不是完全东西向水平,在地图上明显与中山东路不平行。总统府门楼面对的是正南方,只是长江路不是水平的东西走向,而显得总统府大门有些歪斜。也正是因为这歪斜,加上年久失修,照壁在2002年长江路的拓宽中不得不拆除。

本世纪初,门楼上的"总统府"三字原样复原,三扇大铁门也按历史原貌复建而成。

总统府门楼和照壁

52 蒋介石的把兄弟们

少年蒋介石

戴季陶像

蒋介石曾闯荡江湖,在他看来,交友之道,莫过于金兰结盟。不同时期,蒋介石结交的目的也各有不同。"拜把子"后来成为蒋介石笼络官员、独掌大权的重要手段。

蒋介石早年只身离家求学,先后结拜"葛竹十弟兄"、"凤麓十兄弟",初显江湖气息。蒋介石在日本留学期间,还结拜有孙星环、孙洞环、杨志春、竺绍康等人。

早期的结拜兄弟对蒋介石影响很大,陈其美是其中代表。陈比蒋大10岁,都是浙江人,在日本经周淡游结识后,誓言"生死与共、安危同仗",结为金兰。1916年,陈其美被袁世凯收买歹徒暗害,死后无人收尸。蒋介石闻讯后痛哭失声,立即赶赴现场,将陈的尸体载入自己的上海寓所入殓,得到同盟会友的一致称赞。蒋介石后来不断颂扬陈其美,自诩为陈的"第二化身"。

戴季陶与蒋介石在日本相识,在上海证券交易时结拜金兰,两人私交甚厚,政治思想相投,生世扑朔迷离的蒋纬国,更是两人默契的

"感情纽带"。戴季陶习文,擅长理论研究,蒋介石习武,握有实权,但缺乏理论。两人在政治上渐渐形成联盟。蒋介石对戴的忠诚十分感激,时常不忘提携这位患难之交。蒋、戴这种"政治同盟"一直维系了相当长的时间,但在此中间并非没有插曲。1931年,"软禁胡汉民"风波使两人关系产生隔阂。蒋介石巩固政权后,喜欢独裁,开始不太喜欢听那些逆耳的"忠言",慢慢地疏远了这位爱教训人的"兄弟"。1936年底,戴季陶主张武力讨伐解决西安事变使两人关系有了间隙。戴季陶受中国传统文化影响,征诸史实,认为"用绑匪赎票的方式将委员长救出来,则委员长又将何以统帅三军,领导全国人民呢?"戴季陶高估了自己与蒋介石的关系,蒋在生死关头信任宋美龄等主和派,事后又宣称"无赴难之友生"。西安事变后,蒋、戴关系有所降温,戴季陶对于蒋的影响力不似以前了。

许多"把兄弟"是老蒋利用的工具。1930年,张学良与蒋结拜时年仅28岁,蒋当时已42岁。一个养尊处优的公子哥当然玩不过江湖老手。蒋介石用一个"副总司令"的空头衔,就换来了张学良的"东北易帜"归顺"中央";张学良领着几十万东北军去剿红军,不但没剿成,还将自己的115、120、129师番号贡献给后来的八路军;张学良捉蒋又放蒋,还亲自陪蒋大哥去南京,从此就被软禁,只能做个"老公子哥儿"。好在蒋介石没有要张的命,但张的政治生命从此就结束了。

蒋介石的忠心"把兄弟"还是有不少的,黄郛、张静江、张群、邵元

蒋介石与张学良

张静江像

冲、吴忠信、陈肇英等"把兄弟"对蒋"情深意长、效命终身"。蒋介石也正是因为有了这些"铁杆把兄弟"而得以专权独裁。蒋介石对下属喜欢"称兄道弟",示以亲切,重庆谈判时,老蒋对毛泽东也称"延安润之兄"。这一招在对收买人心时也偶有效果,再加上送银元加枪炮,封个上、中将军衔,像石友三、韩复榘、商震、傅作义都曾这样被老蒋拉拢。

蒋介石与张群等人合影

1910年蒋介石与张群在日本

也有的"把兄弟"与蒋反目成仇、明争暗斗,如李宗仁、冯玉祥。两人与蒋结拜时间大致相同,一个是1926年,一个是1928年,这时期正是蒋介石夺取大权的重要时期,蒋与李冯二人结拜,对蒋来说非常重要。

冯玉祥经过多年打拼,手下笼络了一批虎将,像石友三、韩复榘、张之江、宋哲元、孙良诚、孙连仲、吉鸿昌等,是大革命时北方的一股强大的军事力量。老蒋主动提出与冯玉祥结拜为生死兄弟,老蒋说:"安危共仗、甘苦同尝、海枯石烂、死生不渝",冯玉祥受感动了,也弄来了几句:"结盟真意、是为主义、碎尸万段、在所不计"。老蒋亲切地称老冯大哥,并称兄弟俩从此要精诚合作,小弟做得有不到的地方请大哥多批评。但到了1929年,这兄弟俩也开火了,老蒋收买了老冯的左膀右臂石友三、韩复榘。老冯一激动,欲拔枪自杀,被人阻拦后,伤心无比地隐居读书,后来献身民主,与蒋合作,再次被蒋架空,两人最终决裂。1948年冯应中共邀请回国,过黑海轮船失火遇难,究竟怎么失火,是否与蒋贤弟有关,至今还很难说。

冯玉祥与蒋介石

李宗仁是桂系头领。北伐中,老蒋看中李宗仁的部队将来可为己用,主动提出与李宗仁结为兄弟,据说李宗仁当时很是不好意思,不知所措。蒋介石说:"谊属同志,情比同胞,同心一德,生死系之",李宗仁勉强回了贴。蒋长李3岁,当仁不让地做了兄长。但1929年,兄弟俩闹别扭了,开起火来,李贤弟战败,逃往香港避难。后来李宗仁不听蒋的劝告,当选副总统,老蒋甚至起了杀李的念头。李宗仁当了代总统后,蒋介石一再邀李宗仁入台,李贤弟对他的蒋大哥再熟悉不过了,始终未上圈套,最后回到了大陆,才得以善终。

当然也有不吃蒋介石结拜兄弟这一套的,山西阎锡山就没有与蒋结拜。据说汪精卫也想与蒋介石互换兰谱,但陈璧君始终不同意。还有唐生智、陈铭枢也拒绝了蒋介石的结拜之意。

究竟结拜了多少兄弟,恐怕连蒋介石自己还要掰开手指数半天。这些靠江湖兄弟手段建立起来的同盟关系本来就是以各自利益为重的,在地方军阀政客面前或许能起到点作用,但与真正的有着共同信仰、共同目标的共产党人比较起来,显得落后愚昧,这可能也是老蒋失败的重要原因。

蒋汪合影,各盼东西

53 子超楼前话"子超"

在总统府中轴线的最北端,有一幢威严挺拔的民国建筑,这就是民国时期的国民政府办公主楼,蒋介石的办公室就在这幢楼房三楼的东南角,但是这幢楼却是以另外一位民国人物——林森的字"子超"命名。站在子超楼前,不禁使人想起这位任职最长的国民政府主席。

一、"超然"的民国元老

林森生于1868年,1905年加入同盟会,1912年任南京临时政府参院议长。国民政府定都南京后,林森的元老地位渐渐凸显。1931年底,林森以"德高年劭"为国民党内各派认可,成为国民政府主席。但此时的国府主席已被蒋介石设成了虚职,不负具体责任,也没有什么实权。林森笑侃道:"我的地位相当于神龛中的神位,受人景仰而不失其威仪,自然能保持庙堂之肃穆,家宅之安康。若神主显灵,则反倒一室彷徨,怪异百出。国家主席是虚君地位,其意义在于垂拱而治,不该去管的就不要去管,让有办法的人放手去做嘛!"

林森生性淡泊俭朴,正直宽容,温和成稳,不徇私情,被称为"超然派"。林森官邸十分简陋,如同普通民居,警卫班也只能借住在邻居的空屋里。林森对自己和手下十分严格,素以"不发表意见,不参加宴会,不写条子"为原则。有一次,一个熟人找林森想要个职务,林森说:用人要经

林森像

1932年元旦,林森就任国民政府主席时在大堂合影

过人事部门,不要找我。林森还对来访者说:"以后武官直接去见蒋介石,文官去见汪精卫,不必到我这里来啦。"林森如此超然,使喜欢独权的蒋介石宽慰了许多。

其实,林森也曾经弹劾过蒋介石,对蒋是配合而不迎合,礼貌而不恭敬。有一次,林森散步遇到簇拥而来、实权在握的蒋介石,林森既不迎接,也不避让,就在道旁的小庙赏玩古董,直到蒋介石亲自走来致意"主席好"。林森恰到好处地处理与蒋介石的关系,也是能够连任国府主席多年的重要原因。

当年有人在小报上,以"林子超,国府主席,连任国府主席,林子超然"为下联,应对民间"易君左,闲话扬州,引起扬州闲话,易君左矣"上联。拿国家元首做茶余饭后的笑料,明显有讽刺之嫌,有些人认为大逆不道,而林森知道后只是淡淡拂须一笑。其实这下联正应

建成后的子超楼

验了林森"超然处世"的态度。

二、子超楼前植雪松

总统府内的许多建筑都是林森任国府主席时所建。1934年12月,国民政府在中轴线北端拆除原有的平房,始建文书局办公楼。该楼由虞炳烈设计,鲁创营造厂承建,"长100尺、宽60尺,工程费用法币106952元"。办公楼摒弃了中国宫殿式大屋顶式样,立面采用建筑平面组合与立体构图。中间高、两边低,左右对称,钢筋混凝土结构,外墙面贴有咖啡色耐火方砖,其他地方用有立体花纹的彩色水刷石粉面,并勾出回形花纹。主体五层,中部六层,如此之高,实为当时少见,尽显威严气派,是典型的官衙性建筑。南面宽大的玻璃窗,少有脚线装饰。南北三楼均有露天大阳台。楼内还安装美国奥的斯电梯。楼前的两盏路灯朴实典雅,颇具西欧街灯式样:铸铁的灯罩,汉白玉的底座和石柱。旗杆和避雷装置明显勾勒出整楼轮廓。办公楼至今保存完好,是民国时期中西合璧的官衙代表建筑。

林森手植雪松

据载,1935年3月12日,林森在该楼工地前种了两棵雪松。树苗是从印度进口,以寸计金,价格昂贵。几十年后,两棵雪松参天,双木为"林",而子超楼上小下大,呈"品"字形,像是一个"森"字,有人说这一幢楼加上两棵树,正好寓意"林森"。其实根据林森低调不张扬的性格,应是牵强附会的"巧合"。

有一张"林森在文书局工地植树"的图片,其实石碑上"国民政府文书局大楼工地"几个字是电脑PS加上去的。从周边环境看,也不像是在大院内。这张"经典"图片现已广为流传,有"周老虎"之嫌,在此特作说明。

办公楼1935年12月竣工,1936年正式启用,是国民政府的办公主楼。时任国民政府主席林森的办公室,就在三楼东南的套房。后来,这里也是总统府大院内最高主官的办公场所。

三、办公室内的博古架

随着政治上失意,林森移情于雄奇隽秀的山水之中。林森不但喜欢种树养花,还喜欢收藏古董字画,特地在办公室内置有一大排博古架。林森对古玩一度达到痴迷的地步,但真正名贵的东西,他是不会轻易掏腰包的。林森经常买的,也就是三五角钱的货色,贵的也就十元八元,二三十元就算是稀罕之物了。有人调侃林森

林森办公室内的博古架

收藏赝品，林森笑答："我确实收有不少赝品，但用艺术的眼光看，它们的式样可不算差啊，即使是假的，也是无名艺术家的作品嘛。如果在一百件廉价收藏中，有几件真品，那就很值得了。今不为古，时代一久，不古亦古也，再过一百年，假的不也成真的了吗？"

南京的古董商知道后，纷纷上门向林森推销一些廉价的古玩字画。久而久之，林森官邸内陈列品中，有缺口的瓷器，有冲裂的盆皿，有虫咬过的字画，以及破铜烂铁、破砖断瓦，就像是一个地摊。林森从中挑出品相较好的古玩放在办公室，博古架放得满满的。

据说，林森办公室还存放有一个头骨，这里有段动人的爱情故事。

林森23岁与邻乡郑氏女结婚，婚姻虽系家庭包办，可婚后夫妻感情甚笃。不幸，结婚刚两年，郑氏女即患重病，林森虽然悉心照料，也无力回天。爱妻病故后，他发誓不再娶。从26岁到76岁的五十年间，他都一直过着独身生活。林森对亡妻的怀念太执著、太少见。据说林森将亡妻的头骨藏于一只手提箱内，从不离身。

四、"西安事变"中主"和"

1936年12月12日，林森在从福建返回南京的军舰上听说发生了"西安事变"。国民党内"战""和"两派正在"鏖战"，以何应钦为首的主战派明显占了上风，而以孔祥熙、宋美龄为代表的主和派处于弱势。到达南京后，林森的态度起到了关键作用，他说："还是等等看，万不能把西安方面弄急了，委员长有个差池，于大局是不利的啊。应尽快派人到西安，这才是当务之急。"由于林森的加盟，主和派力量有所加强。但何应钦还是下达了"讨伐令"。23日上午，在中央党部召开的第36次常务会议上，林森以代理"中政会主席"之职力主暂缓用兵，而代理"中常会主席"的居正却主张立即发兵。两个主席意见截然相反。

25日下午，林森以在国民政府礼堂举行茶会为名，实际上把党政军要人聚在一起，等待蒋介石在西安的消息。会场气氛十分压抑，大家窃窃私语，交换看法和各种消息。直到何应钦宣布"委员长已到达洛阳"，全场终于发出了轻松的叹息声。

26日中午,林森率领党政军各界人士2000多人在大校场机场迎接蒋介石。当一脸憔悴的蒋介石挽着宋美龄走下飞机时,何应钦第一个上前问候,蒋宋两人只是略作表示,即绕过何走到林森面前,先是握手,又是鞠躬致谢。当天下午,党政军要人纷纷到黄埔官邸向蒋介石请安,一时间官邸前车水马龙、冠盖云集。但林森却没有去凑这个热闹。

林森虽然"超然",但在大是大非面前,头脑却是很清楚的。1937年,抗日战争全面爆发,林森多次以国家元首名义发表讲话:痛斥日军暴行,昭告国民奋勇抗敌,维护国家完整的主权,坚信抗战必胜。1940年,汪精卫在日寇扶植下,在南京成立了伪"国民政府"。汪精卫别出心裁地宣布"国民政府"主席仍是身在重庆的林森,自己只是代理主席,并且在这个伪政府的文告、文件中署名竟仍是"林森"。这些举动实有诱降林森之意,但遭到林森严厉斥责。日寇知道林森是个"顽固"的抗战派,对这位正宗国民政府主席的诱降就不抱任何希望了。

抗战胜利后,国民政府由重庆还都南京,为纪念1943死于陪都重庆的林森,将这幢国民政府办公主楼冠名为"子超楼",并在林森手植雪松旁,立"林森手植"石碑。

林森与蒋介石关系"融洽"

54 子超楼前雪松为何长势不好

子超楼前的两棵参天雪松因林森手植而颇有名气,现均长到了20余米,胸径约为230厘米。70年过去了,雪松长势出现衰落,特别是东边的一棵,枝叶稀疏,叶色不正,秋叶泛黄,针叶短细。雪松在原产地喜马拉雅山西部能长到75米。子超楼前的雪松为何"正值旺年",却长势不好呢?

雪松是浅根树种,宜在肥沃中性到微酸性土壤中生长。当年,子超楼是在文官处办公楼后的庶务室平房原址上兴建的,大量的建筑垃圾就掩埋在楼前地下,石灰地坪经雨水淋溶,使土壤呈碱性。另外,这两棵雪松的枝叶已覆盖到了子超楼的台阶上,根系的发展也受到了影响。

子超楼前的雪松

几年前,经多方专家会诊,制定救治方案。从雪松根部地下1米挖出一层熟石灰,清理出石砖等建筑垃圾约10立方米。回埋营养土后,有计划地换土施肥,还不断地输液。松树上挂着不少瓶子,许多游客都不解地停下,细细地探明究竟,才知道这是在给雪松挂"盐水",就像医生给病人治病一样,以保证营养供给,延续寿命。

本世纪初,东边的那棵雪松枝叶加速枯萎,现已"病入膏肓",西边的雪松起死回生,现已枝繁叶茂。

当年子超楼新建时,楼前还对称植有二棵女贞、二棵紫藤、二棵白皮松,却少有人提及。楼前东侧是南京最年长白皮松。白皮松耐贫瘠土壤,但生长缓慢。白皮松没受地下建筑垃圾多大影响。楼前的两棵女贞长势不错。西侧的白皮松、紫藤"英年早逝",都在同位置进行了补种,补种的四棵紫藤,长成后的树阴还不及东侧老紫藤面积大呢。

"林森手植"石碑

林森在总理纪念日植树

55 枫桥夜泊碑为何会在总统府

"月落乌啼霜满天,江枫渔火对愁眠。姑苏城外寒山寺,夜半钟声到客船。"唐代诗人张继的这首《枫桥夜泊》诗,情景交融、千古传诵,书写此诗并立碑刻石者亦有数人,诗碑也都顺理成章地置于苏州寒山寺。但是,在南京"总统府"煦园东长廊南端小亭内,也有一方枫桥夜泊碑,精雕细刻,笔意圆浑,稳重端庄,保存完好,曾有许多人认为它是汪伪时期从寒山寺移置于此,一度出现真伪之争。那么,"总统府"怎么会出现一块看似与其关系不大的枫桥夜泊诗碑呢?

一、同款诗碑 两地出现难辨真假

总统府内的枫桥夜泊碑

现在寒山寺内存有两方诗碑,一为明代文征明所书,可惜早已破残,依稀可辨清的不到10字;另一方则保存较好,为清末著名学者俞樾在1906年受当时江苏巡抚陈夔龙所托书写,书法圆浑凝重,老练流畅。

"总统府"内的诗碑与寒山寺内的俞樾石碑,从形状到大小及文字书体及布局基本一致。两碑均高约2米,宽68厘米,厚32厘米。碑额、碑身及碑座蝙蝠、缠枝等图案也一模一样。明显不同的是"总统府"诗碑材质为汉白玉,而寒山寺诗碑则为青石制成。两碑正面均以行草体书写,全诗正文28字,并刻俞樾跋语3行45字,大意是说苏州寒山寺内原有文征明所书的枫桥诗碑,由于年代久远,渐渐看不清了,清光绪年间,江苏巡抚陈夔龙嘱咐我再写枫桥诗,并刻在石碑上。碑的左下角另刻有"乙丑重阳汪定执敬观"9个小字,乙丑年当为1925年,汪定执是清末安徽歙县人,曾与俞樾交往密切,诗境禅理造诣深厚。而南京总统府内石碑在这行字后又多一行篆书"乙酉夏日西泠王劲父拜观",并有一方篆印,明显是后刻上去的,乙酉年当为1945年。王劲父生于1922年,当年既不在政府任职,在书法篆刻界也只是"小字辈",曾代表上海大学到南京参加过一些抗战胜利庆祝活动。

南京、苏州两处石碑,背面都刻有俞樾行书附记,共8行135字,大意说唐代张继的《枫桥夜泊》诗脍炙人口,唯有第二句中的"江枫渔火"4字很觉得可疑,宋代龚明之的《中吴纪闻》记为"江村渔火",这很值得参考。宋代的王珪曾书写这首诗并刻成石碑,今天已见不到了,明代的文征明书写的石碑很残破,"江"下一字是"枫"还是"村",也看不出来。我写这首诗遵照"江枫渔火"的今本,但"江村渔火"的古本也不能让它湮没在历史中。因此写一首诗附刻在后面,以告诉后人这件事:"郇公旧墨久无存,待诏残碑不可

王珪书(集字)　　　文征明书(集字)　　　俞樾书

扣。幸有中吴纪闻在,千金一字是江村。"背面另刻有"汪定执敬观"5字及"汉贞阁主人唐仁斋镌字"10字。唐仁斋是清朝末年苏州的碑刻高手,生于1875年,卒于1908年,其汉贞阁碑帖铺在苏州卧龙街(今人民路),颇有名气。寒山寺的寒山、拾得像刻石,也出自唐氏之手。

碑的右侧还刻有陈夔龙跋文,共5行。大体是对诗中"枫桥"还是"封桥"、"渔火"还是"渔父"、"江枫"还是"江村"的考证,以及他看到寒山寺原碑石荒废、托俞樾重新写刻的经过。

二、群丑登场 复制名碑献媚日寇

《枫桥夜泊》诗不但在我国脍炙人口、家喻户晓,也同样受到日本人民的喜爱。这首诗曾被编入日本小学课本,直到现在依然有许多日本人每逢新春之际,漂洋过海至苏州寒山古寺,以在寺内敲钟迎春为快。

日寇在国民政府门楼上悬挂巨幅太阳旗

1937年12月,日寇占领长江下游及中国首都南京,侵华日军头目松井石根还在寒山寺与石碑合影。后来日本侵略者将喜爱之心变成丧心病狂的掠夺,想把这块诗碑运回本国,据为己有。

"总统府"诗碑原来置于西花园桐音馆东南假山旁边,1981年在一

日本侵略者闲院宫在苏州寒山寺与诗碑合影

次较大规模的整修中迁至长廊。在迁移中发现碑座上刻有七排文字：

大日本帝国陆军省海军省后援

大阪朝日新闻社主催大东亚博览会

中华民国维新政府出品

苏州寒山寺诗碑于大阪朝日新闻社，指导ニテ

模作ス

昭和十四年三月三十一日完成日本石材工作

株式会社谨制

由此可以断定，"总统府"诗碑为寒山寺诗碑的复制品。昭和十四年为1939年。日本侵略者在发动侵略战争的同时，一直都想把掠夺的战利品和文物据为己有，曾试图以举办博览会的名义，先集中展览，再分批运到日本。从该复制碑的这段文字中可以看出，石碑是因"大阪朝日新闻社"主办"大东亚博览会"而刻。但因为战事等原因，这次博览会没有如期大规模地举办。

1941年底，珍珠港事件后，太平洋战争全面爆发。日本想在太平洋地区建立以它为"盟主"的"大东亚共荣圈"，在此后的一年里，日军很快侵占了很多东南亚国家和地区，并在1942年底"大东亚战争"一周年之时大搞庆祝活动。当时在南京、天津、长春(伪满首都"新京")等地都举办过各种类型的"大东亚博览会"。1942年10月至次年1月，日军在南京举办大东亚建设博览会。1942年11月1日到12月8日，日军在南京玄武湖翠洲举办"大东亚战争博览会"，展出了日军在南方战场缴获的各种战利品，进去参观的绝大多数中国人都是被日军用枪逼着强迫参观的。据当时统计，整个博览会共有60万人进场观看。《枫桥夜泊》碑很有可能在这个时期参展了这些"博览会"。

三、日寇窃碑　机关算尽一波三折

日本侵略军在占领中国的同时，千方百计大量掠夺沦陷区文物，《枫桥夜泊》诗碑便在窥视之列。日本大阪朝日新闻社以举办"东亚建设博览会"的名义，妄图掠取诗碑。其间一波三折，终未得逞。

1939年3月14日，应日本人要求，南京伪维新政府派伪行政

院宣传局科长陶艾抵达苏州，向伪省府布置博览会事宜，要求就地代雇参加东亚建设博览会的刺绣、泥水、造艇等工人。但是，报纸在随后几天的报道中，都没有提到他如何办理寒山寺碑运日本之事。

日本大阪朝日新闻社举办"东亚建设博览会"的新闻刊，在1939年3月15日《苏州新报》第2版，以"大阪朝日新闻社举办东亚建设博览会"为标题，说"大阪朝日新闻社定于本年4月1日起，在日本大阪甲子园举办东亚建设博览会，并分函维新、临时两政府及满洲国，征求治下名贵及特色手工参加该会，维新政府方面已派员向苏州省府接洽，在苏州就地招刺绣女工和泥水匠、造艇匠参加东亚建设博览会"。这条新闻中也没有提到寒山寺诗碑之事。

但到了第二天，在3月16日的《苏州新报》第2版，已是赫然有大标题"寒山寺碑运日"，副题"参加大阪东亚建设博览会"。此条新闻中这样说：

日本朝日新闻社定期在大阪甲子园举办东亚建设博览会……兹悉该社此次举办之展览会中，除陈列名贵出品外，并以唐代诗人张继所咏之《枫桥夜泊》诗闻名中外，因此圆（寒）山寺之名随之大噪，至阳春三月，来苏踏青寻芳之骚人墨客，亦以一临斯地凭吊为幸，而东邦人士旅苏者亦縻（靡）不前往一游为畅，故特在会中仿照寒山寺假造一所，为逼真起见，将寒山寺碑即日搬运赴沪，再转运至大阪陈列，届时东邻人士之未履中土者，得能摩挲观赏，用意良善，并闻此碑一俟大会闭幕再行运归原处，是则东渡后之寒山寺碑将益增其声价矣。

花言巧语实难掩盖日寇贪婪之心。以后数日，报上仍不断出现有关东亚建设博览会的新闻，言辞就更露骨了。如3月20日《苏州新报》："凡中日满各地之文物代表作品，均广事征求"；3月25日《苏州新报》："凡中日满各地之文物，均极意搜罗"，等等。

与此同时，苏州又出现了寒山寺碑帖事件。苏州沦陷后，苏州市面上出现了寒山寺碑帖的许多拓本赝品，为区别真假，伪政府当局规定凡寒山寺碑帖都需加盖审定印章。这件事似乎办得很认真，伪政权在沦陷区采取这样的措施，显然是为了讨好日本人。1939年的3月和4月，伪维新政府下的吴县文物保管委员会开过两次会,会议内容除了寒山寺碑帖加盖审定印章事外,还有关于寒山寺诗碑运日等其他一些事情。3月26日《苏州新报》第5版又有题为《寒山寺碑帖发现赝品,文物会加印审定》一文。不久,这两件事均有了结果:审定印章启用;诗碑中止运日。

四、壮士取义　假借魔咒保护诗碑

一度沸沸扬扬的"寒山寺碑运日"事,居然就这样戛然而止,这其中有一段动人传奇故事。

寒山寺住持静如恐日寇进寺抢劫,请苏州石师钱荣初连夜刻碑,欲隐去原碑,用复制碑替代,以迷惑日寇,保护原碑。但是此举被梁鸿志亲信发现,将复制碑运至南京。但日寇依然没有放弃窃夺诗碑的计划。

1939年3月的一个清晨,寒山寺山门外发现一具尸体,尸体上衣内有一张纸条,上面写着:"刻碑、裹碑者死!吾忘祖训,合(活该)遭横事!"难道是钱荣初因为复制《枫桥夜泊》诗碑而暴毙吗?松井石根等人惊出一身冷汗,这诗碑难道真有什么魔咒吗?一时间,苏州城内闹得沸沸扬扬。

据野史记载,这首《枫桥夜泊》诗在唐朝就得到唐武宗的青睐。当时宦官专权,几番废立皇储,最后唐武宗才以"皇弟"——这个并不十分"过硬"的身份继承大统。这位27岁的皇帝,对权力斗争一知半解,对宦官弄权不满而又无能为力。当唐武宗读到《枫桥夜泊》诗时,感觉到一个清幽寂远的意境,内心寻求到一种久违的安宁。会昌六年(846),唐武宗在临终前一个月,敕命京城第一石匠吕天方精心刻制了一块《枫桥夜泊》诗碑,当时还说自己升天之日,要将此石碑一同带走。唐武宗驾崩后,此碑被殉葬于武宗地宫,置于棺床上首。唐武宗颁布遗旨:《枫桥夜泊》诗碑只有朕可勒石赏析,后人不可与朕齐福,若有乱臣贼子擅刻诗碑,必遭天谴,万劫不复!

此后,《枫桥夜泊》诗碑在世间消失,直到北宋才出现,作者为翰林院大学士郇国公王珪。王珪自刻碑后,家中连遭变故,王珪本人也暴亡。俞樾所写的诗碑书于光绪三十二年(1906)秋末,当时是受重修寒山寺的江苏巡抚陈夔龙之命补书刻石。此碑制成后,令寺庙焕发出昔日光彩,却没有给写刻碑者带来好运。俞樾写此诗后数十天,便溘然长逝。唐仁斋刻完此碑,第二年就英年早逝,年仅33岁……松井石根越想越怕,终于彻底打消了掠碑的念头。

其实当时钱荣初并没有死,暴毙的是与钱荣初长相非常酷似的钱达飞。钱达飞在得知静如法师调包计划失败后,便力劝钱荣初乔装打扮、隐姓埋名去外地避难,他谎称自己身患痨病,舍生取义,用"血书"阻止了日寇的掠碑计划。

五、"维新"短命　千古魔咒实乃巧合

虽然魔咒之说盛传,伪维新政府还是复制了一块诗碑,以博得日本主子欢心。

1937年日军占领南京后,国民政府所在地成了日军十六师团部,后来又成了日军扶植的伪维新政府所在地。1939年3月伪维新政府在成立1周年之际,按原碑大小字样,重新刻制一块诗碑,置于西花园内。这块诗碑,成为汉奸们奴颜媚笑、迎合奉承的道具。这块诗碑虽为仿制,但精雕细刻,笔法细腻,从艺术价值角度看,完全可以称得上是佳品。

维新政府时期的门楼

伪维新政府1938年3月28日在日本侵略者扶持下成立,于1939年成立一周年之时"出品"此碑后,到次年3月30日就遭解散并入汪伪国民政府。西花园成为汪伪考试院和"首都宪兵司令部"所在地。难道维新政府也应验了魔咒之说?

伪维新政府是在日本侵略军在"以华制华"、"分而治之"的侵略政策下扶持建立的傀儡政府,从建立之初就是过渡性质。当时日军实在找不到什么"名流",也知道梁鸿志没有"号召力",只好暂且"利用"一下。伪维新政府其实是个不完整的地方权力系统,不设主席,梁鸿志、温宗尧分别任行政院及立法院长,只"管辖苏浙皖沪三省一市"铁路公路周边狭窄地带。同时期,各地还有些其他的傀儡政府。当日本人物色到更合适的汉奸人选汪精卫后,就将伪维新政府并入汪伪政府,梁、温二人只当了无足轻重的监察、司法院长,大部分维新旧人几乎都处于闲职。伪维新政府的"短命"是其傀儡本质决定的,应与"魔咒"无关。

1947年,苏州名画家吴湖帆请国民党元老张继写刻了一块《枫桥夜泊》诗碑。碑成后,与俞樾诗碑并立于寺中,这在当时也算是一段佳话。但张继写此诗后的第二天,因为疲劳过度,导致心脏病突发而亡。

其实这又是一个巧合而已。书写第二块诗碑的文征明当时不到50岁,却活到89岁高寿。后来,也有许多人写刻过此碑。现在寒山寺《枫桥夜泊》碑还在不断增加,倒也没听说过什么"魔咒"。

抗战胜利后,钱荣初结束避难回到苏州,特地前往寒山寺,当时的住持静如已经病故,俞樾书碑如旧,自己所刻之碑却已不知去向。钱荣初在解放初期到过总统府,看到复制诗碑后认为不是自己所刻。那么总统府的诗碑是何人所刻就又是一个谜了。

56 汪伪政权为何没能设在国民政府原址

　　为了达到不战而亡中华的目的,日本在侵占的中国领土上不断扶持傀儡政权。1937年日军攻占上海、南京及苏浙皖三省后,扶植了梁鸿志、温宗尧等汉奸组成的"维新政府"。由于这个傀儡政权主要由北京政府的失意政客官僚组成,号召力不强。日本侵略者看上了主张屈膝求和并且主动"投怀送抱"的国民党副总裁汪精卫,支持他组织与重庆唱对台戏的"国民政府"。

　　1940年1月8日,日本内阁通过与汪精卫签订的密约,同意汪组织"中央政府"。汪精卫接受了日本丧权辱国的苛刻条件后,打着反对蒋介石独裁、实施民主政治、联合各党各派及社会名流共同组织政府的旗号,筹建"政府",3月20日至22日,在南京召开"中央政治会议",通过"国民政府成立大纲"等提案。汪精卫任代理国民政府主席兼行政院长。30日,汪精卫带领群奸在原国民政

汪精卫、梁鸿志、王克敏三人合影

汪伪政权为何没能设在国民政府原址

府考试院旧址举行"还都"典礼,宣誓就职。使用的青天白日旗上,被日本人硬是加上了写有"和平反共建国"的三角形黄飘带。"还都政府"不能回原国民政府,只能屈居原考试院内,这又是何原因呢?

汪精卫像

是汪精卫不愿进原国民政府吗?应该不是。虽然汪、蒋明争暗斗多年,但总统府大院不仅是蒋介石定都南京的国民政府办公地,更是孙中山临时大总统办公室所在地。从法理上说,都是国民党最"合适"的政权所在地。汪精卫多次向日本人提出,要搬至原国民政府办公,但是日本人以多种理由一拖再拖。日本政府内部对汪伪政权的态度也不统一,华中、华北均不容汪精卫染指。

汪精卫别出心裁地宣布"国民政府"主席仍是身在重庆的林森,自己只是代理主席。而林森拒绝日本诱降,断然表示不会做汉奸。日本人知道,重庆的国民政府才是"正宗",南京汪精卫"国民

汪伪政府所在地——明志楼

政府"只是权宜。日本人不甘心诱降拉拢蒋介石、林森的失败,自然不会轻易让汪精卫进驻原国民政府。

那些老资格汉奸也不肯放弃既得利益。"中华民国维新政府"行政院长梁鸿志,对汪精卫要在原国民政府办公也表示不满:你汪精卫算老几,我投身"和运"时,你汪某还在重庆唱抗日高调呢!凭什么要我把国府让给你!伪国民政府成立日期的一拖再拖,也正是汪精卫与其日本主子及王克敏、梁鸿志等汉奸反复磋商、讨价还价的结果。

梁鸿志在汪伪国民政府中任监察院长,办公地点依然在原国民政府内的老地方,连办公桌都未挪。后来又在原国民政府内设立了立法院、考试院。而汪伪国民政府,依旧只能在距离鸡鸣寺不远的原国民政府考试院,直到抗战胜利。

汪伪政权存在了五年四个半月,在中华民族抗击外来侵略的历史上留下了可耻的一页。

设在东箭道的汪伪政府交通部　　设在东箭道的汪伪政府铁道部

57 麒麟门为何无麒麟

穿过总统府中轴线的大堂、二堂、八字厅、内外宾休息室,长方形大红漆面的双扉木门跃然出现在眼前,这就是麒麟门了。但门前蹲的却是一公一母两只石狮。

真正的麒麟门早在20世纪50年代初被拆除,位于现在红门后二三米处。现在地上还有"建康营造厂制"、"民国二十四年"的字迹,字面的贴金依稀可见。从现在的痕迹看,麒麟门只有一米多宽,位于过道中央。据说,麒麟门平时紧闭,只有总统蒋介石来到办公大楼时才开启,是显示主席和总统威严的"御道",其他人只能从门两侧绕行。

门两边明明蹲坐着狮子,却名曰麒麟门,无从查考。麒麟门前无麒麟,也许是大权在握的蒋介石,效仿秦代赵高"指鹿为马"以试群臣,指"狮子"为"麒麟",才无人敢改其名了。

麒麟门

58 1947年的国民政府改组

1947年3月19日,国民党胡宗南部占领延安。大喜过望的蒋介石为了表示"实行宪政,推进民主",迫不及待地在4月17日宣布改组国民政府,将实际上的一党专政,改成表面上的多党训政。

4月17日,蒋介石以国民政府主席名义发表命令,公布"修正中华民国国民政府组织法"。随后召开的国民党中常会,蒋介石以国民党总裁身份主持会议,首先扼要说明"改组政府"之筹备经过,继而提出以下名单:选任孙科为国府副主席;选任张群为行政院院长,孙科为立法院院长,居正为司法院院长,于右任为监察院院长,戴传贤为考试院院长;选任张继、邹鲁、宋子文、翁文灏、王宠惠、章嘉呼图克图、邵力子、王世杰、蒋梦麟、钮永健、吴忠信、陈布雷为国府委员。从以上名单来看,这些掌握实权的院部都在国民党的完全控制之中。

4月18日,蒋介石在国民政府大礼堂举行"国府奠都南京二十周年纪念日"纪念会,庆祝"政府改组"。

4月23日上午,国民政府大院内热闹非凡,冠盖云集,拱手寒暄者,并肩而行者,侃侃而谈者,得意洋洋者,各种表情的人都有。他们进入大堂、二堂,穿过麒麟门,来到子超楼,坐电梯到达三楼国民政府委员会议厅。

在国府委员中除了国民党的大佬之外,还有几张生面孔,他们分别是青年党的李璜、左舜生、常乃惠,民社党的李大明、蒋匀田,以及所谓社会贤达俞大维、周诒春、缪嘉铭等人。

9时许,国民政府主席蒋介石主持会议。行政院长张群宣布了各部会首长名单,并宣布了两项决定:从今天起各级机关团体,停止举行总理纪念周。国民政府与国民党中央党部之联合纪念周亦停止举行。又令废止"党旗"与"国旗"同时悬挂之惯例,并令非

1947年的国民政府改组

国民政府委员会改组会议

"党务机关"不再挂党旗。

对于这次"政府改组",当时《大公报》就发表了"国民党与民、青两党分赃与追赃"社评。李济深、何香凝及中国民主同盟分别发表宣言,指责"改组政府"为一党政府。中国民主同盟在上海发表长篇时局宣言,称:目前政府改组,虽以政协决议为标榜,但其所采取的步骤与集合的成分,与政体决议根本不符。就连美苏报纸对"改组政府"均加非议。蒋介石的戏法完全被识破。

现在子超楼三楼国务会议厅,就是按照"国民政府委员会改组成立纪念"的照片复原的,桌椅、吊灯、茶杯、挂钟等与照片中无异,只是壁灯有所不同。子超楼三楼会议室的日历牌是 1947 年 4 月 23 日。两年后的 4 月 23 日,人民解放军攻入南京。这些重要事件都发生在 4 月 23 日,这又是一个巧合吧。

59 蒋介石身世之谜

蒋介石生于1887年10月31日,祖籍是浙江奉化似乎已成定论。但一部《金陵春梦》的问世,把蒋介石的出生地说到了河南许昌,一些河南籍的原国民党官员写的回忆录支持此说,一时弄得沸沸扬扬。

1984年,在中国第二历史档案馆典藏的国民政府档案中,意外地发现了河南许昌郑发在1946年12月和1948年5月23日写给蒋介石的两封信。

信里说,两人过去同在开封念书,1930年中原大战时蒋介石路过许昌看望郑发,适郑外出未遇,现在来南京渴望求见蒋介石。

两封信都有国民政府收文日期、登录编号,以及文官长以下各级部门主管人员的签署意见。虽然信的内容不符合蒋介石的身世,但是郑发何以敢于写这两封信,特别是写第二封信时的步兵少校身份。这两封看似平常的信,为何认真谨慎地归入国民政府档案,这就是个不解之谜了。

据考证,郑发系河南省许昌县河街乡(当时称灵沟镇)后郑庄人,生于1884年4月23日,排行老二,按祖

蒋介石与母亲合影

1946年蒋介石携全家到浙江奉化老家祭祖

谱为"魁"字辈,大名郑绍魁,小名发,亦称郑二发。其兄郑大发早年夭折;其弟小名合成,又名三发子,生于1887年农历九月(与蒋介石生日相符);其父郑福安于1891年去世;其母王采凤(与奉化蒋母王采玉仅差一字)因许昌大旱,成为从奉化到开封经营益泰盐行的蒋老板家中的保姆,不久,成为蒋老板续弦。郑发1895年离开蒋府自行谋生,从此未能与母亲和弟弟见面。1929年11月上旬至次年3月间,蒋介石也确实专程到过许昌。

1941年,郑发去重庆找蒋介石,蒋虽未接见,却安排戴笠"优待"郑发住在白公馆。1944年,戴笠又接来郑发妻女,抗战胜利后的1946年,让他一家三口衣锦还乡,安排他为县候补参议员。后两次郑发来南京求见,蒋介石虽未召见,但都安排要员去处理,还让国民政府文官长吴鼎昌送他一笔钱,并给河南省主席刘茂恩打了个招呼,给郑发安排个步兵少校的虚衔,拿一份干薪。

此外,旧社会家谱中,女儿是不入谱的,而《葛竹王氏宗谱》中却特别把蒋介石生母王采玉写入,这又有"此地无银三百两"之嫌。蒋介石在台湾选中归宿地"福安里",与郑发之父郑福安仅仅是名字的巧合吗?

1949年蒋介石下野后回到浙江奉化拜祭祖祠

《金陵春梦》中的主人公"郑三发子"果有其人,确有其事?讲一口奉化官话的蒋介石难道真的是河南许昌人氏?一个老实巴交的中原农民,两封内容奇怪的个人书信,道出一段鲜为人知的如烟往事。宁信其有,不信其无。就算是一家之言,也权且听之。有人说蒋介石名字表示他对河南家门前的那块大石头"介意难忘";中正这名字就是"中州长郑氏"之意。据说郑、蒋两人身架、面貌还颇有几多相似之处。

这些猜测只能存疑待证了。

60 蒋介石在南京总统府内的办公室

总统府是蒋介石的重要活动场所,蒋介石任职很多,曾有"蒋中正呈蒋中正"的笑谈。蒋介石在总统府的办公室也有几处。

现在大院内陈列的蒋介石办公室有两处。一处为子超楼三层东南角的三间套房,也就是1937年前林森的办公室,1945年还都南京后,一直作为先后担任国民政府主席和中华民国总统的蒋介石的办公室。三间套房沿南边一字排开,最东头一间又隔为南北两小间,北为厕所,南为休息室。

中间一间是蒋介石办公的地方。南端斜放的办公桌上电话、台灯、毛笔、文件夹、印泥盒一应俱全,台历还定格在1949年4月23日。据考,蒋介石办公桌的具体位置、朝向还有其他几种摆法。东墙上依旧挂着蒋介石颇为自赏的彩色戎装照。

西边一间是会客室。博古架是林森留下的。从1935年子超

蒋介石在子超楼的办公室

会客室东头的办公室

行政院长办公室

楼建好,直到1937年国民政府迁至重庆,这三间套房都是林森的办公室。1937年12月日军占领南京,办公室先后被伪维新政府行政院长梁鸿志和汪伪政权立法院、监察院等占用。

另一处为行政院南楼西北首的行政院长办公室,蒋介石在

1935年12月至1938年初曾任行政院长。现在的行政院南楼院长办公室就是按当年蒋介石办公时所布置。

1928年10月至1931年12月，蒋介石任国民政府主席。当时子超楼尚未建成，其南面的政务局楼是当时的主办公楼，二楼东南的房间应当为蒋介石的办公室。上世纪30年代初的"国民政府全图"上标明，当时此楼为文官处文书局办公楼。国府还都南京后，这间办公室又成了蒋介石文胆陈布雷的办公室。

其实蒋介石在1930年12月至1931年12月兼任过行政院长，那么在行政院北楼也应有一间办公室。1927年北伐军占领南京后，国民革命军总司令部与北伐军总司令部合署办公，蒋介石身兼两个总司令头衔，为显"正统"，总司令部办公室就设在西花园的孙中山临时大总统办公室。蒋介石还有一个临时办公室，位于内宾接待室的东头，用于蒋介石会见宾客时休息办公。

如此看来，蒋介石在总统府有六个办公室。

"行宪国大"后，蒋介石在总统府办公室批阅公文

解密总统府

61 蒋介石并不常在总统府内办公

蒋介石当选总统后，并非每天都去总统府办公，大部分时间留在距总统府不远的黄埔路官邸憩庐。只有在接见外宾，接受外国大使递交国书，召集重要会议，参加每周一例行的总理纪念周等活动时才会露一露面，到自己的办公室坐一坐。

憩庐位于陆军军官学校内，环境幽静。蒋介石认为军校学生们会对自己敬重有加，生活在这里很是安全。蒋介石十分喜欢在此官邸内办公、会客。

好在从蒋介石的官邸到总统府，只需十几分钟车程，但每次都由总务局事先周密部署，以防不测。沿途的警察局、派出所长官均是从侍从室中调派。当总统的车队出发后，沿线黄埔路、中山东路、汉府街，实行半戒严，进入国府路后，则是全戒严。如果总统与外宾车队通过，则是三步一岗，五步一哨，每个岗亭必须通知下一

憩庐

个岗亭,一站站传下去,直至总统府大门口的哨兵。汽车驶入国府路时,仪仗队就要做好准备,车队一进大院,立即吹号奏乐。这时,总统府参军、局以上办公室的信号灯一起亮起来,电铃连响三声,表示蒋介石一行已经入府。

蒋介石的坐车可以一直驶入大堂,至二堂下车。而一般的车辆到大堂前必须停下。蒋介石下车后,踏上台阶,走过麒麟门,穿过磨石子甬道,过政务局,直入"子超楼",登上美制"奥迪斯"电梯,到达二楼办公室。蒋介石的警卫车队则停在大堂外,便衣侍卫就在大堂内外流动警戒。

蒋介石任总统不久,内战战场一再失利。总统府上上下下都笼罩着一股悲观气氛,小道消息四处流布,一时间人心惶惶,连上班的心思也没有了。有一次,军务局接到国防部保密局(即原军统局)送来的一份情报,大意是:据勘测,毛泽东家的祖坟风水绝佳,因此共产党老是打胜仗。保密局在意见处理一栏,居然写上:派兵"围剿"湖南韶山。

1949年元旦,总统府大礼堂举行了一年一度的新年团拜会。与会者人人低头不语,惟恐惹老蒋生气。彻夜未眠的蒋介石拖着疲惫的身躯,强打精神发表了一番讲话:战争虽然失利,但我们还有西北和华南的大片土地,还有长江天堑,只要万众一心……

1月21日下午,再次下野的蒋介石面容憔悴,穿上那浅色长袍、深色马褂,一手拄着拐杖,与送行的官员一一握手后,携宋美龄登上"美龄"号专机,往东南方向飞去。他知道这一去很难再回来了。

62 蒋介石的称谓

蒋介石一生任职很多,称谓也有不少,以时间为序应是:"校长"、"总司令"、"主席"、"委员长"、"总裁"、"总统"等。

1924年5月3日,孙中山正式任命蒋介石为黄埔军校校长兼粤军参谋长,并允诺给予他办军校在人事与财政上更多的权力。廖仲恺于5月9日正式出任黄埔军校中国国民党代表,孙中山自兼军校总理。其实这时的"校长"地位在孙总理与廖党代表之下,是第三把手。直至次年,孙、廖相继辞世后,蒋才真正坐上黄埔军校第一把交椅。蒋介石开始组建自己的嫡系部队。民国许多军政要员都喜欢称呼蒋介石为"校长",也能体显自己黄埔毕业,身为嫡系之荣。蒋介石直到1947年才改任黄埔军校名誉校长。

蒋介石最早的总司令之职是指北伐时期的国民革命军总司令与北伐军总司令,后来又担任中华民国海陆空总司令。

1928年10月,蒋介石任南京国民政府的第二任主席,但这个称谓远没有"蒋委员长"用得多。

北伐时期的蒋介石

"蒋委员长"的称谓起于1932年3月6日,蒋介石抵达河南省会开封,召集在河南全省的军事长官,宣布军事委员会成立,以代替原先负责军事的国民革命军总司令部,蒋介石的总司令一职改为军事委员会委员长,从那时起,"蒋总司令"、"总座"改称为"蒋委员长"、"委座"。后来国民政府为了统筹军令、军政,恢复早在广州时期的军事委员会,直隶于国民政府,设委员长一人,由蒋介石担

1928年10月,蒋介石就任国民政府主席

任。抗战爆发后,国民党中常会议决,由军事委员会委员长行使陆海空军最高统帅权,并授权统一指挥党政机关,直到抗战胜利。

军事委员会委员长侍从室是为蒋介石处理党政军各项事务的近随办事机构,1933年成立。设主任一人,先后由林蔚、晏道刚担任。先后下设一、二、三处,机要室和侍卫长,第一处管军事,先后由晏道刚、钱大钧、林蔚、张治中、贺耀组、商震任主任;第二处管政治、经济、党务,由陈布雷任主任;第三处主管各党政军机关部队的人事调查、登记与考核,由陈果夫任主任。钱大钧、王世和、冯圣

1933年,蒋介石检阅部队

法、俞济时先后担任侍卫长。各处主任和侍卫长均直接听命于蒋介石。

1945年10月2日,军事委员会结束,所属机构改组为国防部。军事委员会委员长侍从室也奉命结束,所有业务交由国民政府文管处和参军处接手,参军处增设军务局,文管处增设政务局。打这时起"蒋委员长"的称呼不再继续,改成"蒋主席",简称"主座"。

"总裁"指的是蒋介石作为国民党首脑,于1938年4月始任国民党总裁,"总裁"这个称谓是蒋介石特有的。

1948年蒋介石当选总统,故又改称为"蒋总统"了。1949年1月,蒋介石下野,暂时就只能称为"总裁"了。

1934年,蒋介石在黄埔军校建校十周年大会上讲话

63 蒋介石戎装照上的勋章

子超楼蒋介石办公室内悬挂的大幅彩色戎装照,拍摄于1943年9月,原先是黑白的。当时林森突然去世,蒋介石在重庆接任国民政府主席。看得出来,蒋介石拍照时的心情不错。1946年10月,蒋介石举办60大寿,又特地请"御用"的光华照相馆将这张照片重新上色,洗了很多张,专门安排卡车运送,并且在祝寿的画册上也刊登了这张照片。蒋介石对这张照片十分满意,多次将这张照片赠送他人。

蒋介石穿大礼服戎装照

照片上的蒋介石身穿大元帅礼服,也许是抗战最艰苦的时期即将过去,看到了胜利曙光,也许是再任国府主席,可以大权独揽,他有一种发自内心的喜悦。照片上的蒋介石神采奕奕,目光有神。胸前的六枚勋章彰显卓著功勋,从上至下依次为:

一、上左:国光勋章

国光勋章是国民政府陆海空军勋章之一。依1937年11月8日公布的《修正陆海空军勋章条例》规定,国光勋章不分等级,凡陆海空军军人,于战时抵御外侮,保卫国家著有特殊战功者,颁给之。抗战有功的将士都应该获得此勋章。

二、上中：青天白日勋章

青天白日勋章是国民政府陆海空军勋章一种。依据1929年5月15日公布的《陆海空军勋章条例》和1929年9月27日公布的《陆海空军铨叙规则》规定：青天白日勋章不分等级，凡陆海空军军官佐、士兵，于攘御外侮保护国家时，立有特殊战功者，得给予之。青天白日勋章材质为镀金，绶为白心蓝条红缘。

三、上右：一级空军复兴勋章

1937年12月3日颁行，授予空军将士。在空战时连续击落敌机9架以上，或参与作战任务300次以上，或作战飞行满900小时的空军将士应授予一级空军复兴勋章。蒋介石是三军统帅，故授一级空军复兴勋章。

四、中：采玉大勋章（最大）

采玉勋章分大勋章和采玉勋章，蒋介石佩戴的为大勋章。这种大勋章是民国时期最高的荣誉勋章，对内，只有国家元首佩戴，如国民政府主席蒋中正、国府主席林森；对外只赠送外国元首，而

上左：国光勋章

上中：青天白日勋章

上右：空军复兴勋章

中：采玉大勋章

下左：宝鼎勋章

下右：云麾勋章

且必须派出专使特送。其中心为和田玉质制成的中华民国国徽，表示国家至上之意。1933年12月12日颁行。采玉大勋章必须在穿礼服时佩戴，大绶（即绶带）由右肩斜至左胁下。抗战后期，该大勋章停止颁行，所以代总统李宗仁没有戴过这枚大勋章。

该大勋章之所以用采玉命名，《礼记·聘义篇》中有："夫昔者，君子比德于玉焉。湿润而泽，仁也；缜密以栗，知也；廉而不刿，义也；垂之如队，礼也；叩之其声清越以长，其终诎然，乐也；瑜不掩瑕，忠也；孚尹旁达，信也；气如白虹，天也；精神见于山川，地也；圭璋特达，德也；天下莫不贵者，道也。"《诗》曰：言念君子，温其如玉。

还有一种说法，该大勋章是因蒋介石的母亲名王采玉而名。蒋介石是大孝子，该大勋章以"采玉"命名，含有纪念其母之意也。

五、下左：一等宝鼎勋章

宝鼎勋章是国民政府陆海空军勋章之一种。1929年5月15日公布的《陆海空军勋章条例》规定，宝鼎勋章分为九等，凡于震慑内乱安定国家时，立有特殊战功者，分别等级给予之。其中将官一等至四等；校官三等至六等；尉官四等至七等；士兵六等至九等。一等至五等宝鼎勋章，均由国民政府明令颁给，六等以下之宝鼎勋章得汇案核给之。此外，非陆海空军军人或外籍人员，对于战事建有功勋者，也可颁给宝鼎勋章。一等至六等为银质，七等至九等为铜质镀银；一等至三等红圈、绿色鼎、红绶；四等至六等蓝圈、金色鼎、蓝绶；七等至九等白圈、银色鼎，白绶。

六、下右：一等云麾勋章

国民政府1935年6月15日公布的《陆海空军勋赏条例》规定，凡陆海空军军人，对于国家建有勋绩或震慑内乱立有勋绩者，得颁给云麾勋章。非陆海空军军人或外籍人员对于战时建有勋功者，也可颁给之。云麾勋章分为九等，上等官佐授予一等至四等；中等官佐授予三等至六等；初等官佐授予四等至七等；准尉、准佐及士兵授予六等至九等。

另外，蒋介石的勋刀是一等醒狮勋刀，饰以金色浮雕之醒狮，刀身一面镶"夷难定功"四字，一面镶"我武维扬"四字，穗为黄丝线结

宋美龄在欣赏蒋介石胸前的勋章

成。中华民国二十年十一月二十三日,国民政府公布颁发陆海空军勋刀规则,规定一星至九星,分为九等九星勋刀,民国二十四年八月一日,将上项规则废止。改订醒狮勋刀样式,于民国二十四年六月十五日公布陆海军勋赏条例时,将勋刀纳入条款。一等九狮勋刀颁给陆、海、空军将等官,所授勋章晋至最高等,而复建有战功或勋绩者。

在1948年5月20日总统就职典礼合影上,蒋介石只戴了采玉大勋章,相对于李宗仁等其他政要勋章满满,更加彰显出这个勋章"分量"。

64　陪选总统的司法院长居正

蒋介石虽先表示"不参选总统",但他想当总统,那是大家心知肚明的事,选举只不过是个形式罢了。但既然是选举,总不能只有一个总统候选人吧。好在终于有了一个陪选的——居正。

居正 1876 年出生于湖北,是 1905 年加入同盟会的国民党元老,1912 年任孙中山临时政府内务次长,1921 年任孙中山非常大总统办公室咨询,次年任护法军政府内务总长。1924 年当选为国民党中央执行委员。1927 年任国民党中央特别委员会委员。1931 年当选为国民党中央执行委员会常委,1932 年始任司法院院长。当时论资历和职务,参选总统还是挺合适的。

居正像

国民代表大会主席团合影

居正在等待选举结果

居正被推为总统候选人,可以说一半是开玩笑弄成的。在国民大会召开前夕,湖北代表开会商讨协助程潜竞选副总统,居正以同乡身份到场。不知是谁说了句:"我们拥护居觉老(居正字觉生)出来竞选总统吧!"立刻引起众人附和。有人问居正:"总统应该做什么?"他说:"守法足矣。"对于其他提问,则笑而不答。大家觉得,居正参选的意义并不在于当选与否,而在于民主的象征。居正也有"提倡民主"的同感,后来虽然有过退选的念头,但为时已晚,终于登台陪选。

居正在日记中写道:"余以 109 人(刚到法定人数)之提名。与 2400 余人蒋公并列,摆布得太不相称。有人嗤为傧相,有人笑为陪席,总之找不到第二人,亦可哂也。"又作小诗感怀:"开张竞选说无为,不可猜嫌也发疑。毕竟庸庸浑不识,时行物兴又凭谁?"选举结果可想而知,蒋介石终以 2430 票当选总统,居正以 269 票落选。

居正年轻时锋芒毕露,有一定的政治理想。1925 年他与邹鲁等人在北京召开西山会议,后当选为西山会议派的国民党中央执行委员会常委。1929 年至 1931 因曾因反蒋被捕监禁。居正是任职时间最长的司法院长,是一位极具影响力的大法官,并兼任司法院的一些重要职务。司法院是一般人羡慕的肥衙门,受当时利用同乡、同学等关系编织关系网络争权夺利的风气影响,居正在司法院任院长时,也广罗湖北同乡。据1943年统计,司法院全体职员170人中,湖北籍有90余人,司法院成了"湖北同乡会"。就是这样,司法院的许多事情还是不按程序,完全听命于蒋介石。后来蒋介石为钳制各院,安插了些外省人。最有实权的司法行政部竟然几次划入行政院,使司法院失去对司法行政部门的制约,审判系统与行政系统不一致,影响司法功能的发挥。司法行政部的隶属受蒋介石操控,成为蒋介石介入掌控司法的工具。

居正阅世渐深,开始乐在逍遥。居正官邸在板井附近,占地虽有十来亩,但不过数间平房。居正回家后喜欢身着布衣,头戴草帽,剪树养花,自得其乐之时,他是不会客的。有一位年轻中央委员坐车前来拜访,远远看见一位乡农模样的老头在摆花弄草,便大声问道:"居院长在家吗?"那老头儿瞟了他一眼,冷冷说道:"不在家,刚才坐车走了!"这位心粗气浮的西装客碰了钉子只好走了。后来知道那位老头子便是居正,深悔自己有眼不识泰山。

居正夫人姓钟,上海宝山人,常住上海吴淞洋行镇官邸,家具陈设完全欧化,这与南京官邸迥异。关于此事,居正风趣地说:"太太是上海人,当然摩登;我是湖北佬,不妨守旧。"

居正信佛,藏有乾隆第六子永瑢手书的《金刚经》。现在,政务局楼二楼辟有专门展室,陈列有居正后人捐献的家具、信函、照片及《金刚经》等文物。

1948年4月19日,蒋介石当选总统

65 李宗仁当选副总统

"总统选举"后,开始了竞争激烈的"副总统"选举。蒋介石和国民党高层的主观意图是希望孙科当选。于是孙科就成为国民党内"政党提名"的唯一候选人,遭到于右任、李宗仁、程潜等人的反对,"总统"蒋介石出面暗示也无济于事。临时中全会终于决定:"本届副总统候选人,不由党决定,由同志在国民大会依法参加竞选。"按大会规定,总统、副总统候选人由代表100人签署提名即有效。

最后,签署6位副总统候选人的提名结果是:孙科540人,于右任512人,李宗仁479人,程潜338人,莫德惠211人,徐傅霖132人。孙科位居榜首,于右任居次席,均超过了李宗仁。在"陪选"的无党派莫德惠和民社党徐傅霖第一轮就被淘汰后,于右任和程潜又相继落马。第四轮的副总统选举在孙科和李宗仁之间进行。

李宗仁当时任北平行辕主任一职,对竞选准备得最早最充足,还有安徽银行财阀的支持。据传李宗仁以大同煤筹集的竞选活动费就高达6000亿元,这在法币贬值的当时绝对算是个天文数字。

孙科失望地看到自己落选

李宗仁大开流水席,来的都是客,只要投李宗仁一票,就可以大快朵颐,另外还派专人接待代表,送土特产及日用品之类物品。孙科有老蒋的力挺和财团的支持,在华侨招待所分批宴请代表,还包下

于右任祝贺李宗仁当选副总统

龙门酒家,只要挂有国民大会代表证章,就可一日三餐免费,更有电影招待。新闻媒体铺天盖地地受后台老板指使,发表贬褒不一的文章,一会儿是《广东代表不投孙科的票——一个广东代表的来函声明》,一会儿又有《请代表先生注意!反对威胁政府贪污跋扈

何应钦祝贺李宗仁当选副总统

军人李宗仁当选副总统》等等。

最后，李宗仁终以1438票对孙科的1295票微弱胜出，当选副总统。蒋介石当时正在黄埔官邸通过收音机接听选举情况，当李宗仁选票过半时，就气得踢翻了收音机。李宗仁是实力派，其桂系实力在当时仅次于中央军，蒋、李之间的关系十分微妙，既是"兄弟"，又是"对头"。李宗仁当选副总统后在内参与政权，桂系的小诸葛白崇禧在外手握兵权，完全可以与蒋介石抗衡。这怎能不让老蒋心存余悸。就连于右任向李宗仁表示祝贺，都算得罪了蒋介石。

到了总统就职典礼的5月20日，蒋介石在着装上又戏弄了一下李宗仁，自己穿着长袍马褂，前佩一枚采玉大勋章。而李宗仁一身笔挺军服，胸前勋章密密地挂了好几排，一会站在蒋介石身边，一会走在蒋介石身后，活像一个大副官。

窘迫的李宗仁真巴不得就职典礼早点结束，但还要故作欢笑地在众人面前与蒋谈笑甚欢。从这以后，蒋、李之间的矛盾更加白热化。1949年1月21日，蒋介石终于在桂系的压力和美国的策化下，宣布引退，李宗仁出任"代总统"。

在总统就职典礼的众目睽睽之下，李宗仁就像是蒋介石的大副官

66 民国政要在南京的最后"全家福"

由于种种内忧外患,蒋介石筹划已久的"行宪国大"延期至1948年3月底才匆匆开场。蒋介石毫无悬念地当选总统,李宗仁则在激烈竞争中以微弱优势当选副总统。5月20日,中华民国首任总统、副总统就职典礼在国民大会堂(现南京人民大会堂)举行后,军政要员们云集总统府大礼堂,举行集体庆贺仪式。参加仪式的文官为主任以上的部门负责人,武官为少将以上军官,共计700余人。蒋、李二人在接受众官员觐贺后,在子超楼前与参加庆贺仪式的主要官员及工作人员合影。照片由光华照相馆拍摄,国民党元老吴稚晖题字:"中华民国总统就职纪念摄影"。这一张照片实际上是民国高层在大陆的最后一次"全家福"。

照片上蒋介石夫妇居于正中,李宗仁夫妇、张群、孙科、居正、邹鲁、于右任、戴季陶等人位于前排次席,五院副院长、国府顾问、政务委员、各部会正副主官、国防战略委员会委员及军政要员等人分列两边及后排。照片有188人之多,绝大多数党政军要员在这张照片上亮相了。

在这张盛装的"全家福"后面,涌动的却是惶恐与不安。当时正值国内战争的高峰,有人因前线作战而未能回京,有人因病因伤而未能到场,"全家福"其实并不"全",缺席的高官有不少。照片上的人也是明争暗斗,各自打着小算盘。在拍摄"全家福"的同时,国民党军队节节溃败。"全家福"的风光是国民党大陆统治败落前的"回光返照"。

"全家福"拍完后,"行宪国大"落幕。有一副对联应运而生,对此次大会作了高度概括:"中国一人,天下一统,元首舍我其谁?却未必承前启后,看今朝盛会召开,乌烟瘴气,怪力乱神予不语;正气何在,民主何存,代表当仁不让,也只好绝食抬棺,卜他日煤山独步,沧海桑田,风花雪月古来稀。"横批是"中正自勉"。

解密总统府

总统就职典礼合影

"总统府"三字谁人题写

1948年5月,蒋介石当选总统后,国民政府改为总统府,招牌自然要换。"国民政府"四字,要赶在总统就职大典前更换成"总统府"三字。

"总统府"三字由谁题写,又是一个需斟酌的问题。有一说法是:蒋介石对自己的书法一向自我感觉很好,打算自己亲自写。后来想想不行,怎么能自己当总统自己写"总统府"的招牌呢?这不符合中国的传统。于是就想到了已故主席谭延闿。随即吩咐人集谭延闿写的"总统府"三个字("总"字,集的就是中山陵碑亭中的字),用木头锯出贴上金箔后,匆匆挂上了大门的门楼。

还有一说,"总统府"三字是由原考试院副院长、总统府资政周钟岳所写,当时报刊多有报道。周钟岳地位虽不及谭,但亦精诗书

"总统府"门楼

画、古琴,留墨也有不少。鸡鸣古寺"豁蒙楼"有一副每字六寸见方的行书对联:"龙战初平,且喜河山尽还我;鸡鸣不已,独来风雨正怀人"即出其手,以表抗战胜利喜悦及国家前途未卜之心情。

又据曾在当时制作匾额的"吕复兴油漆作"工作的老人回忆说是考试院院长戴季陶所书。还有一说,这三字是当时书法小有名气,但地位不高,现已90多岁高龄的陈义经先生所书,周钟岳只是略作改动,避免了繁体"总统"二字中"幺"的雷同,故传为周钟岳所书。

笔者认为,"总统府"三字应为周钟岳所书。解放后,这三字直到50年代初才被摘去。现在游客看到的门楼上金色的"总统府"三字,是2002年按原样复制,可能质量比当时匆匆挂上的要好许多。

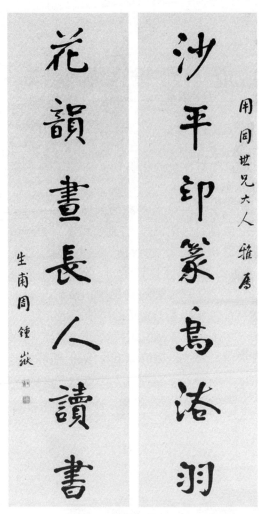

周钟岳书法

68 蒋介石、李宗仁曾密谋相互行刺对方吗

蒋介石喜欢拜把子,跟李宗仁、冯玉祥、张学良等人都拜过。但蒋、李不和世人共知,其亲热的"政治蜜月"是相互利用罢了。有时他们之间矛盾冲突之激烈,难以调解,盛传蒋介石、李宗仁曾密谋过行刺对方。

上个世纪30年代,有一位让蒋介石闻风丧胆的暗杀大王。此人叫王亚樵,是一名职业杀手,曾行刺过汪精卫,也曾多次策划暗杀蒋介石,令蒋介石头痛不已。于是,蒋介石密令军统铲除他。但是,王亚樵十分狡猾,而且行踪飘忽不定,为追杀他军统头目戴笠费了很大的劲。王亚樵在香港躲藏了一段时间后逃至广西梧州,并得到反蒋的李济深、李宗仁等人的资助,戴笠担心李宗仁、白崇禧鼓动王亚樵再次行刺蒋介石,便加快了追杀王亚樵的步伐。所谓英雄难过美人关,王亚樵十分好色,他的踪迹最后败露在情妇余婉君身上。余婉君有老公,老公被捕后,她曾经去南京探狱,被军统特务盯上,并暗中跟踪她到香港。王亚樵每月都寄生活费给她,而钱是从李济深老家梧州龙圩寄过来的。军统使用"美男计"俘虏了余婉君,余婉君带着军统特务到梧州设计抓王亚樵。在梧州,余婉君诱引王亚樵到江边会面。军统特务预先在约会地点埋伏,没有防备的王亚樵一露面,即被蜂拥而上的特务们乱刀砍死。

王亚樵像

1948年4月,李宗仁击败蒋介石安排的孙科,当选"国民政府"副总统。在5月20日举行的总统、副总统就职典礼上,蒋介石一身长袍马

蒋李二人貌合神离

袿，而李宗仁一身戎装地站在身后，活像大副官，弄得李宗仁憋了一肚子气。不久，朝野要求蒋下台。蒋介石认为这是李宗仁"逼宫"，他看到美国又日益倾向李，便决心除掉李宗仁。

1948年11月间，蒋介石让保密局长毛人凤急电保密局云南站长沈醉速来南京。沈到南京后，当天下午毛人凤就对沈下令：蒋总统指定你主持刺杀李宗仁。随后，两人一同去见蒋介石。蒋介石用荆轲刺秦王的故事鼓励沈醉，并说：刺李是关系到党国安危的大事，要绝对保密，从速布置好。

第二天上午毛人凤和沈醉就商定成立刺李的"特别行动组"，一星期后便作好了具体部署。计划在李宗仁回傅厚岗官邸路上的拐弯处，从两面同时射击。弹头注入剧毒药水，只要射中身体任何部位，都无法救治，并且对防止李宗仁突然逃离作了周密部署。毛人凤叮嘱沈醉随时做好行动准备，只等蒋介石一声令下便下手。后来，鉴于时局的变化，1949年1月20日，毛人凤根据蒋介石指令通知沈醉停止"特别行动组"的刺李任务。

蒋介石、李宗仁密谋刺杀对方的计划方案还有多少？真不太好说。

陈布雷自杀之谜

1948年11月12日,素有"蒋氏文胆"之称的陈布雷服安眠药自杀身亡。各家报纸均以头版头条报导,一时间陈布雷之死亡原因众说纷纭。

陈布雷,生于1890年,浙江慈溪人。曾任《天铎日报》记者,后任《商报》《时事新报》主笔。1927由张静江引荐给蒋介石,先后任蒋的代笔撰文秘书、侍从室主任及国民党中央党部宣传部副部长、中央政治会议秘书长等职,1937年任军事委员会副秘书长并为蒋草拟文件。1948年蒋的《元旦致辞》正出自陈布雷之手。在别人看来,陈是蒋的亲信,其实又有谁理解他的内心苦恼呢?

陈布雷的道德文章令人钦佩,在当时宦海内洁身自好,更难能可贵。倘若陈布雷像其他"党国要人"那般昏庸,自然可以过得潇洒快活。但他"永远在痛苦忧念中",常常长吁短叹。

陈布雷生性古板,做人严肃顶真。一旦发觉自己"已不能再对国家非常时期作丝毫之贡献,偷生人世",那"决绝"之念便"复屡萌而不能自制"。蒋介石对陈布雷的文稿经常批改,使他有口难言,常向人诉苦:"我今日的胚壳的灵魂已依附在他人身上了"。随着国民党的腐败日深,"党国"的败局已定。他身为不离蒋左右的最高级幕僚,自然耳闻目睹一

陈布雷像

般人所不知的最黑暗内幕,他深知造成这一局面的不是别人,正是"蒋先生"自己。

1948年秋天,陈布雷以他二十年的经历,看透了过去的一切,也就预见了当前的危机。他从政原本是为"治国平天下",然而落得的结局却是误国乱天下。陈在临死时,曾给上至"总裁",下至儿女,以及妻子兄弟、同事好友一一留下遗书,反复表白自己的自杀乃"身心之疲弱无能复至此,其终于出此下策"。

陈布雷的死实在是一种逃避。他既为国民党政府担忧,又为自己的名声前途担忧。叛离蒋介石,他不敢;投奔共产党,他又不肯。他对蒋产生了怀疑,但又害怕自己的怀疑,他发现自己竟然在心理上背叛了蒋,这着实使他吓了一大跳,因为这近乎"不忠不孝"、"犯上作乱"。蒋毕竟对他还是"迎之致敬以有礼"的。陈布雷在给蒋介石的遗书中真诚地写道:读公昔在黄埔斥责自杀之训词,深感此举为万万无可谅恕之罪恶,实无面目再求宥谅;纵有百功,亦不能掩此一着……回忆许身麾下,本置生死于度外,岂料今日,乃以毕生尽瘁之初衷,而蹈此极不负责之结局,书生无用,负国负公,真不知何词以能解也。

当他在信末署上"布雷负罪谨上"时,自可想见其当时的诚惶

陈布雷离任浙江省教育厅长时与职员留别合影

诚恐心态。为了减轻一点对"领袖"名誉的伤害,陈布雷甚至连公布自己死讯的讣告如何措词都周密想妥了!这样的愚忠恐怕在二十四史上也是极其罕见的。不过,陈布雷并不敢奢望将自己的名字列入忠臣祠里。他仅感到自己死得很渺小,"六十老人得此极不荣誉之下场,只有罪愆,别无可说……"

陈布雷的死震惊朝野,蒋介石为他亲书"当代完人"挽幛。在蒋介石的指示下,决定陈布雷葬礼按最高规格:举行国葬或公葬,以表彰陈布雷对国之功劳。但是陈布雷夫人王允默给治丧委员会写信反对将陈布雷国葬在南京,说夫君有归葬杭州的遗愿。治丧委员会接受了王允默的请求,将陈布雷葬于杭州南山九溪十八涧。

陈布雷自杀身亡对戴季陶触动很大,两人是几十年好友,又同为蒋介石重要幕僚。兔死狐悲,戴季陶于1949年2月也自杀身亡。

政务局二楼东南角的房间曾是陈布雷的办公室,现已场景复原开放展出。办公桌上特地放置香烟和奶粉盒,是因为陈布雷嗜烟如命,身体不是很好,宋美龄常送些奶粉来,给他补充营养。

位于杭州的陈布雷墓

70 总统府有地下通道吗

南京民间有许多关于总统府中地下通道和防空洞的传闻，总统府的地下充满着神秘色彩。

子超楼东面的防空洞已对游人开放，原先蒋介石办公室中有一地道直通防空洞，再由防空洞通往郊外的传言不攻自破。1932年"一二八"淞沪战争爆发后，日军飞机经常袭扰南京。当时国民政府内没有任何防空设施。1934年，建造国民政府办公楼时，在与行政院之间加盖了这座防空洞。该建筑主体结构为两层，全部由钢筋水泥浇制。顶层厚数米，可抗击重磅炸弹轰炸。水、电、通风设施一应俱全，且距主席办公室仅十几米，疏散极为方便。这么"高级"的防空洞，当然是为当时的国府主席林森、行政院长蒋介石等政要定制的。直到1937年12月日军占领南京，国民政府西迁，防空洞也没有派上什么用场。倒是解放前夕，总统府官员曾在防空洞内焚烧了大量来不及运走的文件材料。

还有几座防空洞则鲜为人知。一座位于原参谋本部南办公楼的西侧，洞穴入口长约2米，宽约1米，顺着洞穴入口向下走9个台阶便来到了正洞的入口处，顶上的水泥壁上有一个漏斗形的路灯遗迹。正洞入口有一扇厚大的铁门，铁门厚约20厘米，高约1.8米，宽约0.8米，铁门已锈迹斑斑，铁门两面均安有铁把手。深度、厚度和面积都不及子超楼东的那座，但做工比较考究，这是供参谋总长等军官们使用的。这个洞穴有多深，通往何处，尚未考证。

一座在行政院南楼南侧，紧靠办公楼南面的小屋，就是防空洞口，洞穴位于办公楼下，可容数十人。有一次竟然在一楼打通了地面，看来洞穴与一楼地面隔层很薄，这座防空洞和办公楼连为一体。

在孙中山起居室的小二楼前，还有一座近20平方米的防空洞，离地约3米。上面植有一棵200多岁的女贞树，出气孔隐藏在

参谋本部南楼的防空洞

行政院南楼南面的防空洞进口　　参谋本部的大防空洞

子超楼东面的防空洞内景　　煦园圆门下有一个防空洞

浓荫之下。这棵大树底下不但好乘凉,还很"安全"呢!

还有一座位于原参谋本部前广场下,面积足有300平方米,设施简陋,抗轰炸的能力也差,是供下级官兵避难用的。解放后曾改作招待所。

煦园门口的防空洞在"鲤鱼跳龙门"小山包下面,不易察觉,门口南部的围墙内有一瓶形小门,就是洞口。目前总统府现已发现六座防空洞。

本世纪初,在总统府南面新建了大型地下商场和停车场,没有发现总统府往南的地下通道,其他方向有地下通道的可能性更小。

71 解放前后的总统府

1949年4月,强大的人民解放军屯兵长江北岸,厉兵秣马,国民党的政治中心——南京已经完全暴露在解放军的火力之下。4月21日,解放军向南京作钳形穿插,形成对国民党统治中枢南京的合围。23日黎明,国民党军警、宪兵全部撤离南京,全城成为真空地带,市区秩序混乱。林森路(长江路)、新街口等地开始有人乘虚抢劫,国民政府机关为甚。总统府西侧卫戍司令部所有房屋门窗家具均被拆毁一空,总统府西花园第三局办公地带因与卫戍司令部毗连,也被许多民众乘机闯入,家具等物品遭到严重哄抢。事态如此发展下去将十分严重,有可能波及全总统府大院。在这关键时刻,全院留守的员工开始组织起来维持秩序,总统府房屋、家具才得以保全,有一名员工在保护物品时被造成轻伤。23日晚,解放军"三野"在南京江面渡江成功。24日凌晨,"三野"第35军104师312团官兵在师参谋长张绍安率领下,率先进入南京挹江门,很快与起义警察接上了头,并由他们带路,直向总统府奔去。

24日清晨,东方透出了一缕曙光,解放军进入南京市区。总统府大铁门紧闭,前院空空荡荡。整个总统府,从前到后,到处飘洒着纸张文件,还不时冒着缕缕青烟。只有几个房间还闪烁着忽明忽暗的灯光。几名战士用力推开了沉重的镂花大铁门,大队人马立即涌入,很快就控制了整个总统府大院,各就各位等候天明。

解放军官兵来到了总统府办公楼。官兵们挨个房间巡视,最先到的是二楼蒋介石和李宗仁的办公室。"总统办公室"、"副总统办公室"的木牌还赫然挂着。蒋介石的一张大办公桌上,还端放着一套《曾文正公家书》,台钟、笔插、毛笔、镇纸等依次摆放。还有一对曾国藩的鸡血石章,一对翡翠石章,两串清代朝珠。蒋介石"引退"于1月21日。李宗仁"主政"当代总统后,并没有进蒋介石的总统办公室"取而代之",而仍然在蒋介石对面的副总统办公室"办公"。在蒋介石办公室的东墙上,还挂着他的一幅戎装照片。一切照旧,台历上面显示的是:中华民国卅八年4月23日星期六农历己丑年三月大代电:梗。

解放军冲入总统府

解放军占领总统府后,军管会进驻并开始接管,立即开始对总统府中的物品进行清理。除了在各个办公室整理国民党来不及带走的文件、家具外,还在总统府的各个地点清理各类物资。总统府得以完好交接,移交清单至今保存在市房产处档案馆。刚获解放的总统府三步一岗,五步一哨。刘邓大军在进驻之前就对士兵做了"保护总统府文物"的思想工作,总统府秩序井然,一草一木都得到了较好的保护。总统府迎来了一个新的时代。

门楼上的"总统府"三字并没马上铲除。从1950年人民解放军海军组织官兵到总统府参观的照片上,还能清楚地看到门楼上的"总统府"三

解放军进驻总统府

解放军战士在总统府内站岗

字。1958年,总统府的三扇大铁门被拆下回炉大炼钢铁,换上了三扇红色木门。解放后,总统府先后成为省政府、省政协、省人大及民主党派等机关单位的办公场所。

南京人民庆祝解放

1950夏天,解放军海军官兵列队参观时,"总统府"三字还在门楼上

72 "人民解放军占领南京"照片是摆拍的

现如今人们经常在书籍、报纸、电影上看到的解放军在总统府门楼上列队站立的那张标志性照片,究竟拍摄于何时?是不是抓拍的?解放军占领总统府的时间是凌晨,而在没有闪光照明设备的情况下,如何能拍出这样的照片呢?

事实上,这组记载历史变迁的镜头并不是在现场实拍的。

据"三野"35军随军摄影记者邹建东回忆,这张照片是他亲手用一架德国产蔡司相机拍下的,但不是在24日。解放军占领总统府时,他并不在先遣部队中,而是几天后才进城的。当时,解放军进入总统府后,立即将国民党的青天白日旗从门楼上扯下,那面青天白日旗也被解放军战士烧掉,并没有被保存下来。重新拍摄占领总统府的时间是4月27日上午10时许。占领总统府,是中国历史上一个极其重要的事件,它标志着一个旧政权的覆灭和一个

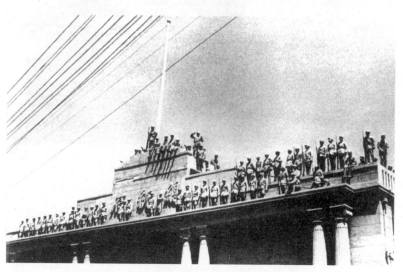

人民解放军占领总统府

新时代的开始。在请示部队领导同意后,在官兵们的配合下,邹建东举起相机,拍下了一组解放总统府的珍贵历史照片,其中就有那张解放军官兵们在总统府门楼上的照片,其他还有列队冲入总统府、推开大门、降下国民党青天白日旗、升起一面红旗、吹号、冲入长廊等照片。

令人惋惜的是,4月24日占领总统府的那批官兵,到27日时已经调防,没有在这组历史性的镜头中留下自己的身影。

2003年4月,年近80的邹建东老人整理出60多幅作品,在总统府西厢房举办了《纪念南京解放54周年——邹建东摄影展》,展览持续一年多,受到欢迎和好评。许多解放战争的照片均出自邹建东之手,也有不少照片是抢拍的。

解放军跨过长江

73 太平天国起义百年纪念碑

1951年，全国上下掀起纪念太平天国起义100周年热潮。南京"百年纪念筹备会"决定在天朝宫殿遗址前树立纪念碑，并上报建议中央主要领导人题写碑文。毛泽东主席提议由时任政务院副总理、中科院院长的著名历史学家、书法家郭沫若同志书丹。郭沫若欣然提笔，11个大字自然流畅、一气呵成。纪念碑于1952年1月11日竖立在总统府大门南面大照壁前花坛，庄严肃穆。届时，南京各界举行了隆重的落成典礼。

太平天国起义百年纪念碑，选用上等汉白玉精刻而成，全碑通高385厘米，宽92厘米，厚29厘米。纪念碑周边以"卍"字回文作边饰，碑额饰以云纹，碑座饰以波涛图案，象征太平天国运动风起云涌，波澜壮阔，勇往直前。碑正面郭沫若先生题写的"太平天国起义百年纪念碑"11个大字浑然一体、苍劲有力，"天"、"国"二字还特地按照太平天国礼制书写为"囗"、"囗"。碑阴刻有罗尔纲先生起草的碑记，碑记文字是集太平

太平天国起义百年纪念碑

天国印玺、书籍、文告上广泛使用的宋体真迹刻制。全碑既有历史纪念价值，又具独特的艺术韵味，是一个时代的标志物。

碑记由右向左竖排，全文322字：

太平天国在一八五一年一月十一日起义金田，掀起反侵略反封建的斗争，时间经十八年，地域遍十八省，把农民革命所能发展的丰富理想和斗争形式达到最高峰。但由于没有先进阶级的领导，终于失败了。

从起义到现在，刚好百年，中国已经在共产党的领导下得到解放，中华人民共和国已经建立并日益巩固。新中国人民为了追思太平天国先烈光辉的革命事业，各地都在隆重纪念。我们南京、上海也联合举行展览会，观众达一百余万人，不但正确地传播了太平天国的革命精神，而且还增长增强了当前的抗美援朝运动的斗争力量。南京是当年太平天国的首都——天京。南京人民议决在天王府遗址建碑纪念。

今天，这座丰碑在辉煌的伟大的毛泽东时代矗立起来了，我们看见：仆倒的终于是一切反革命势力，站起来的终于是伟大的中国人民。我们英勇的祖先的鲜血没有空流，伟大的革命精神，永垂不朽！

公元1951年1月11日南京市太平天国起义百年纪念展览会筹备委员会敬立。

太平天国起义百年纪念碑，以其独特的历史、艺术和科学价值成为时代的标志物，是太平天国史学界公认的一件珍贵文物。2002年因长江路拓宽，总统府前大照壁拆除，纪念碑移走后得到了妥善保护，文革时期石碑正面上涂的红漆也被清除。2006年12月，经南京中国近代史遗址博物馆（总统府）统一规划，纪念碑在东苑重新竖立。

74 总统府建筑群的国保单位名称

总统府建筑群全国闻名,在海外也有一定的知名度,它是中国近代历史上规格最高、规模最大、保存最完整的建筑群体,其中人民解放军占领南京的标志性建筑——门楼、总统办公楼——子超楼、大堂、二堂、麒麟门、政务局办公楼、礼堂、内外宾会客室、文官处图书馆、行政院南、北楼等主要建筑,至今均保存完好。但这个大院却一直是以太平天国"天王府遗址"国保身份予以保护,在国家文物局正式登记的档案中也丝毫不见"国民政府"、"总统府"等名称。

总统府大院建筑群占地约9万平方米,经历了明初汉王府、清朝两江总督署、太平天国天王府、孙中山临时大总统府、中华民国国民政府、总统府等诸多历史时期,建筑亦是几毁几兴,目前除前述建筑保存完好外,还有"江苏省级文物保护单位"——孙中山临时大总统办公室,以及曾国藩1871年重建两江总督署时的中轴线及西花园部分建筑,而太平天国天王府的遗迹并不多。太平天国天王府其实早已不复存,以其"遗址"之名列为国保单位,而历历在

总统府大院内的全国重点文物保护单位碑

总统府大堂

八字厅

文官处图书馆

目、保存完好、建筑体量占80％以上、且影响最大的"民国政府"、"总统府"却没应有名分,显然是不合情理的。

回顾历史,总统府建筑群的完好保存,却是和这"不合情理"的国保单位名称分不开的。如果在"文化大革命"时期,此处不被强调为天王府遗址,而是蒋介石的总统府,那么总统府建筑群在那疯狂年代的结局可想而知。1982年,全国上下仍然受着严重的极"左"思潮影响,重褒"太平天国农民运动",而轻贬"国民政府""总统府",文物部门顺应当时的政治形势,以太平天国"天王府遗址"申请全国重点文保单位,才可以顺利申报成功,实际上达到保护总统府建筑群的目的。

以太平天国"天王府遗址"来命名这个历史含量极其丰富的总统府建筑群,显然不合时宜。1912年1月1日,孙中山就任临时大总统,中华民国开始到1949年4月23日,中国人民解放军解放南京占领总统府,标志着国民党在大陆统治结束,许多重大事件均发生于此,一部中华民国的历史鲜明地蕴藏于此建筑群之中。中华民国史是中国近代史的重要组成部分,民国文化是我国重要的历史文化,应得到应有的重视和保护。

一个建筑就是一段历史,一个国保单位的命名同样也是一段历史。总统府应当有"名符其实"的国保名称。2013年,总统府建筑群被核定为第七批全国重点文物保护单位,名称为:孙中山临时大总统府及南京国民政府建筑遗存(1912—1949年)。

75 "1912"名称的由来

　　2000年,以"总统府"为基础的南京中国近代史遗址博物馆开始扩建,"总统府"参观面积由原4万平方米扩大到近9万平方米,同时建设近3万平方米的"文化休闲服务区"。服务区最南端的二层青砖小楼,是根据上世纪20年代的总务厅办公楼原样重建,两排红砖楼和两幢小洋楼均为原汁原味的民国建筑,修旧如旧,其他建筑则是综合南京、上海、苏州等地民国建筑精华所建。十几幢民国风格建筑与总统府民国建筑协调统一,较好地发掘和体现了总统府深厚的历史文化底蕴。

　　服务区拟建成一个有文化品位、有商业影响和经济价值的休闲娱乐街区,目标消费群体主要指向外籍人士、城市白领、文化人群、游客等,经营方式类似于上海"新天地"。那么这个街区应该起个什么合适的名称呢?

"1912"标志最初位于长江路口

"总统府"历史底蕴深厚,有着深深的民国文化烙印,是南京历史文化的精华所在。一时间,征集到的名称达100多个,有"总统客厅"、"总统花苑"、"国府会客厅"等,但都不是很满意,有的商业味太浓,有的像是住宅楼盘,征集的名称一个个被否定。后来有设计师提出按当时国际上开始流行的用年代命名时,大家认为"1912"最为合适。1912年,孙中山先生在南京就任中华民国临时大总统,开创了中华民族的历史新纪元。

2004年圣诞夜,以"南京1912"命名的休闲商业街区建成开放,进驻了一批来自世界各地的休闲、娱乐、餐饮品牌,成为南京最为时尚的休闲娱乐场所。

"1912"在南京"打响"后,又向外地不断发展,效益良好,这对于民国建筑的保护和利用、民国旅游文化资源的整合开发都是一种新的探索和尝试。

"1912"命名的成功模式,为其他新建街区的命名开辟了新思路,"1865"等一批以年份命名的街区相继筹备开张。

"1912"街区夜色

76 总统府周边消失的老地名

因为"总统府"扩建及城市建设等原因,总统府周边的许多地名已消失,但许多历史事件却与这些地名紧密相联,现将部分地名列举,以备后人查索。

一、板桥新村

位于总统府西侧,现为"1912文化休闲街区"内粤鸿和、九佰锅餐馆的位置。由建筑师刘福泰于1935年设计,1935年至1936年陆续竣工,最初专供中央陆军大学高级教官居住,地属"国府中央禁区",原共有20余幢洋楼,其中16幢砖木结构联排建筑对称而立,规制相同,墙体为褐色耐火砖砌成,坚固厚实,较为考究,是民国时期城市典型的公寓型住宅。"板桥"之名一说来源于古诗"鸡鸣茅店月,人迹板桥霜",一说是因其东北清溪上有一座木板拱架桥。抗战胜利后,板桥新村的一部分改为中央大学(解放后为南京工学院,今为东南大学)宿舍。

板桥新村

二、泰山坊

位于板桥新村西部，今太平北路及以西区域，由数幢洋楼组成，民国时期住户大多为国民党高级军政官员。据说这里最早是"泰山砖瓦厂"的广告房，砖瓦厂起"泰山"之名给人以"稳如泰山"之意。抗战爆发前，泰山坊内辟有陆军大学俱乐部，设施考究。另有十几个房间供外地来京办事的将校级军官免费临时居住，警卫甚严。桂永清、邱清泉、李思涛、徐培根等将领都曾是这里的常客。太平北路拓宽前，泰山坊紧靠碑亭巷，曾作为南京卷烟厂用房，现仍有部分建筑遗存。

三、西箭道

西箭道的位置应在总统府中轴线以西，今总统府景区与"1912文化休闲街区"之间，是纵贯南北的无名小道，与东箭道相对称。

据载，西箭道上有个宝华盦，是清两江总督接待外宾的宾馆。1912年1月1日孙中山先生下午5时专车抵达南京，下榻于宝华盦休息后，发表就职宣言，并将宝华盦辟为"中华民国临时大总统办公室"。

1913年至1916年，西箭道5号一度成为冯国璋的私人住宅。1917年4月2日下午5时左右，冯国璋西箭道5号的住宅因电线老化漏电起火，火势蔓延很快，十多分钟就烧毁60多间房屋，直到

西箭道被围墙一分为二

晚上8时才扑灭大火。大院内一些古建筑不幸被毁。5月5日，冯国璋下令招工入府，在失火场地重建新屋40余间，现在总统府中轴线上内、外宾会客室就是当年所建。

西箭道2、3号的两幢房子，曾为国民党高级将领李弥住所。

有人认为，西箭道并入了拓宽的太平北路，其实不然。根据民国二十二年的《首都道路系统图》、民国二十五年的《最新南京地图》可以断定，西箭道就是后来民国时期参谋本部内的"笼子巷"。

四、笼子巷

翻开民国后期南京地图，在总统府中轴线西边，有一条与东箭道对称的巷子，名曰笼子巷，它是在民国中期由西箭道易名而来。上世纪30年代后期，西箭道改名为笼子巷。因为已划入军事禁区，可能也是取森严壁垒、警卫重重之意。1949年后，总统府大院西边，连同笼子巷为军事管理区，直到本世纪初依然是闲人莫入之地。

五、东海路

民国初年，大院西面最宽的道路是碑亭巷，碑亭巷与大院之间还有条狭窄的新西街。1936年冬，长江路至中山东路段的新西街拓宽，改称东海路。同时，大院西侧，沿东海路北上至浮桥东面，拆除房屋筑弹石路。1959年春，东海路及弹石路向北延伸，大规模拓宽改造，由大行宫向北一直延伸到北京东路，名为太平北路。太平北路是因太平南路而得名。太平路最早在杨公井一带，明清叫吉祥街。清道光年间，这一带盗贼猖獗，江宁太守李璋煜召上元县官严加训斥，并限期扭转局面，不久情况好转，于是改路名为太平路。

六、文华村

位于总统府西北角，建于民国后期，初为国民政府工作人员宿舍，主要为十多排平房。1949年后为部队用房。本世纪初拆除，现为"1912文化休闲街区"往事、A8、乱世佳人酒吧的位置。

七、文光村

位于大院东北角。上世纪30年代曾是操场。1949年后为七一四厂（现熊猫集团）职工宿舍，主要为五幢四层建筑。本世纪初拆除，现为"1912文化休闲街区"乌克兰风情吧、立煌酒吧的位置。

八、东辕门、西辕门

清代两江总督署大门两边，分别建有东、西辕门，两门位置均在现在的长江路上。东、西辕门地名沿用至民国年间。

九、宗老爷巷

长江后街原名宗老爷巷。是因明末清初的官吏宗敦一居于此地而得名。民国时期，宗老爷巷改名为国府后街，解放后随长江路改名为长江后街。太平北路建成后，长江后街西部与碑亭巷相连的一段划归如意里。"文革"时期，长江后街与太平北路等路统称为反帝路，"文革"后，名称恢复为长江后街。上世纪90年代，长江后街被定位为"南京旅游街"，数十家旅行社云集巷内办公，本世纪初拓宽改造后，成为南京最热闹的酒吧一条街。

20世纪90年代的长江后街是南京的"旅游一条街"

十、总统府"大照壁"南面消失的地名

总统府南面的大行宫广场及南京图书馆、江苏省美术馆已成为重要的公众文化休闲场所，建成以前也曾密布许多小街小巷有，主要有：大隍城巷、小隍城巷、大狮子巷、小狮子巷、长江（国府）东街、长江（国府）西街等，现已不存。

后　记

　　在总统府工作不知不觉已有 20 多个年头了。每一次身处其中，特别是在细雨濛濛的夜晚，独自一人沿着中轴线穿过深邃的古建筑，呼吸着老房子所散发出的特有气息，便感觉到一种独特的神秘。这里有多少鲜为人知的传奇故事，有多少尚未解开的历史疑团！层层迷雾升起，不免有一解为快之念。也许是由于年少时对金石篆刻浅尝辄止的爱好，加上对石头坚固顽强、忍辱负重特性的欣赏，我对总统府的研究就是先从碑刻开始，再逐步展开的。

　　本书以总统府的建筑、碑刻、传说及与之有关的重要历史人物、场景为主线，结合最新发现及研究成果，解惑游客参观所见所闻中的迷雾疑团，督署选址、卢坦嘉言、武庙重修、煦园得名、天国宝藏、陶林公祠、印心石屋、民国书家、枫碑传奇、国玺勋章、竞选秘事等文章，添补了以前的书籍空白。本书尝试从一个新的视角诠释总统府从六朝、明清、太平天国到民国的历史，力求雅俗共赏，使读者能够在参观中"看得见、摸得着"，觉得历史不再空洞枯燥。

　　在编写过程中，作者得到了许多专家学者，特别是中国第二历史档案馆王晓华研究员的支持和指导，在此深表感谢。历史真相的揭示，是一个随着史料渐显、研究深入而不断接近历史原貌的过程。由于编写时间仓促及本人学识所限，书中难免存在不足之处，一些标题也只是提出想法，意在抛砖引玉，欢迎广大读者批评指正。欢迎关注微信公众号：NJHFHHH，在旅行中感触历史。

陈宁骏于不系舟
2018 年 1 月 20 日